ANDREAS SCHMITTBERGER

Die chinesische Nachtigall

Wie der Kaiser zu seinem Vogel kam

Musical für Kinder von 8-12 nach einem Märchen von Hans Christian Andersen

Gesamtausgabe
(Klavier-Partitur)

FIDULA

Inhalt

Personen

Cheng	1. Minister	Vorstandsvorsitzender
Chang	2. Minister	1. Arzt
Haushofmeister	3. Minister	2. Arzt
Muli-Nechs	Nachtigall	3. Arzt
Kaiser von China	künstliche Nachtigall	Tod
Kaiser von Japan	Diener	Chor (Japaner, Chinesen, Hofstaat: Hofdamen und Diener)
	ein Japaner	

Anmerkungen zur Inszenierung

Die Solisten

Das Musical ist so angelegt, dass es mit einer einzigen Solostimme (Nachtigall) aufgeführt werden kann. Darüber hinaus hat man die Möglichkeit, Teile einiger Chor-Stücke nicht im Tutti, sondern auch solistisch zu interpretieren. Dies gilt u.a. für Nr. 8 „Oh, diese Nachtigall!“: Hier kann jeder einzelne Minister eine Strophe allein singen, muss aber nicht. Auf der CD-Einspielung wird diese Nummer vom Chor gesungen.

Die Angaben in der Partitur zu diesem Punkt sind also frei auslegbar, je nach den Gegebenheiten vor Ort. Gleiches gilt für den Chor.

Der Chor

Das Musical ist ab etwa 25 Akteuren aufführbar. Um bei kleinerer Besetzung einen vollen Chorklang zu erreichen, ist es hilfreich, die Chorpartien – ähnlich wie im griechischen Schauspiel oder im Oratorium – von allen auf der Bühne befindlichen Sängern singen zu lassen, wobei die Handlung natürlich mit bedacht werden sollte: So singen z.B. in Nr. 15 „Wo ist die Nachtigall!?“ alle gegen den Kaiser, der selber natürlich nicht mitsingt.

Ab etwa 40 Personen empfiehlt sich eine Aufteilung der Chorpartien wie in der Partitur angegeben.

Das Orchester

Das Arrangement erlaubt eine Aufführung mit Klavier allein.

Verfügt man über Orff'sches Instrumentarium, kann man hiermit die Aufführung bereichern: Becken, Gong, Triangel und Schellen können das chinesische Lokalkolorit verdeutlichen.

Des Weiteren sind einige Stücke so konzipiert, dass auch Musiker ohne Notenkenntnis mitspielen können. Dies gilt insbesondere für die Nummern 2, 3, 4, 10, (11) und 21. Diese Stücke basieren auf der Ostinatotechnik, z.T. mit pentatonischen Elementen.

Natürlich kann auch eine Rhythmusgruppe mit Schlagzeug, Bass und Gitarre zum Einsatz kommen. Dies bietet sich vor allem bei eher rockigen Stücken an.

Holzblasinstrumente wie Flöte, Oboe oder Klarinette passen klanglich gut zur Sphäre der Nachtigall. Es kann durchaus schön klingen und gleichzeitig die Sänger unterstützen, wenn die Bläser *colla parte* spielen, also die Gesangsmelodie mitgestalten.

Bei unseren Inszenierungen kam auch immer wieder die Blockflöte zum Tragen. Für die Nachtigall-Stücke haben wir wegen ihres warmen und sanften Klangs meist tiefere Flöten (Alt/Tenor) verwandt. Die Sopranflöte hingegen passt sehr gut zur mechanischen Nachtigall, hier darf auch gern die Piccolo-Flöte mitspielen, die mit ihren z.T. schrillen Tönen das Wesen der Maschine verdeutlicht.

Bei einigen Stücken ist die Begleitung ausschließlich für Klavier gedacht. Akkordsymbole finden sich deshalb nur dort, wo eine Rhythmusgruppe (Gitarre/Bass) eingesetzt werden soll.

Die in der Partitur vorgesehene Wiederholung der Nummern 4 und 12 ist *ad libitum.* Auf der CD sind diese Stücke nicht zweimal eingespielt.

Szene 1

Vor dem Vorhang

Der Vorhang ist noch geschlossen. Davor Cheng und Chang, beide in Arbeitskleidung, jeweils mit Rechen und Besen. Sie arbeiten allerdings nicht, sondern stützen sich auf ihre Arbeitsgeräte ab.

Cheng *seufzt.*

Chang *seufzt.*

Dieses Seufzen geht noch eine kleine Weile. Plötzlich hört man Schritte.

Cheng: Achtung! Er kommt!

Sofort beginnen beide mit reger Gartenarbeit. Von links betritt der Haushofmeister die Szene.

Haushofmeister *sieht die beiden, im Vorübergehen:* Ph! *Rechts ab.*

Cheng und Chang sind noch ein paar Augenblicke tätig, doch die Bewegungen erlahmen zusehends.

Chang: Ist er weg?

Cheng: Ja, du kannst aufhören. Er ist eben in den Palast hinein.

Beide stützen sich wieder seufzend auf ihre Arbeitsgeräte, kurze Stille.

Chang *plötzlich laut, weil er sicher ist, dass ihn keiner hört, dem Haushofmeister nachrufend:* Und übrigens: Du mich auch!

Cheng: Was? „Du mich auch!"? Was soll das? „Du mich auch!"?

Chang: „Ph!" ... Jetzt arbeite ich seit sechsunddreißig Jahren im Palast! Meinst du, nur ein einziges Mal hätte ich von dem etwas anderes gehört als dieses „Ph!"? Vermaledeite Oberhofbonzen! Und der da ist der Schlimmste! „Guten Abend, Chang, wie geht es dir?" „Gute Arbeit, Chang!" „Schöne Grüße an Frau Chang." Das kannst du vergessen. Fehlanzeige! Seit dreißig Jahren nichts als ein „Ph!". Dabei machen wir die ganze Drecksarbeit hier im Palast.

Cheng: Sei still, man könnte dich hören!

Chang: Mir doch egal! Sollen sie doch!

Cheng: Man wird dir zur Strafe noch auf dem Leib herumtrampeln. Du weißt, was sie mit Ching gemacht haben, als er Lohnerhöhung gefordert hat.

Chang: Mir doch egal! Sollen sie nur kommen. Ich werde nämlich streiken.

Cheng: Streiken? Was ist das?

Chang: Man legt die Arbeit nieder. Ich höre einfach auf zu arbeiten. – Wenn wir uns zusammentun, können wir alles erreichen. *Kämpferisch:* Sie werden uns zuhören müssen. Wir müssen für unsere Rechte kämpfen. Für uns. Für die Arbeiter.

Cheng *klopft Chang an die Stirn:* Hallo! Jemand zu Hause? Hast du den Verstand verloren? Wir sind hier in China. Chi-na! Verstehst du? Wir haben einen Palast, und wir haben einen Kaiser, und wir haben einen Haushofmeister und ... und am Ende der Nahrungskette stehen Typen wie du und ich. Und ein Kaiser ist nicht dazu da, jemandem zuzuhören. Das war schon immer so ... und das wird sich nie ändern. Glaub mir! Nie! Genauso gut könntest du behaupten, dass Menschen fliegen können. Einmal Japan und zurück ... oder warum nicht gleich zum Mond!? Ha! Ha! Meiner Meinung nach bist du irre!

Chang: Mir doch egal! Außerdem ist allgemein bekannt, dass der Mond ein großer weißer Käse ist. Warum sollte ich also hinfliegen wollen? Ich mag keinen Käse. *Er setzt sich auf den Boden.*

Cheng: Spinnst du? Wenn man dich sieht! Denk an Ching! Was soll das eigentlich werden?

Chang: Streik! Ich streike. Ich habe die Arbeit niedergelegt und streike. Das soll das werden.

Cheng: Ich glaube eher, du hast dich selber niedergelegt. Wenn man dich sieht, nicht auszudenken! Dein Hintern auf dem kaiserlichen Rasen. Erst gestern habe ich jeden einzelnen Grashalm der aufgehenden Sonne entgegen gekämmt! Ihr beide zerstört die ewige Harmonie. Du und dein Hintern. Noch nie was von Feng Shui gehört?

Chang: Mir doch egal! Soll er nur kommen, dieser Feng Shui! Ich werde auf keinen Fall weichen! Das war ein „Ph!" zuviel! Meine Geduld ist jetzt endgültig zu Ende!

Cheng: Der Kaiser wird bald seinen allabendlichen Spaziergang machen! Wenn sie dich sehen! Nicht auszudenken! *Er will Chang wegziehen.*

Chang *mit verschränkten Armen:* Ich weiche nicht. Das war ein „Ph!" zuviel!

Cheng: Hörst du denn nicht? Der große Gong vom Palast!

Chang: Ich weiche nicht!

Cheng: Ja, hörst du es denn nicht? Der Gong vom Palast! Hör doch! *Gong ertönt.* Weißt du denn nicht, was das bedeutet?

Chang *plötzlich betroffen:* Sie werden doch nicht etwa ...? *Er macht eine Geste des Kehle-Durchschneidens.* Mein Gott, der arme Ching!

Cheng: Wieso Ching? Der Gong! – Es ist Feierabend. Schluss – Aus – Sense. Wir gehen nach Hause. Du kannst morgen weiterstreiken.

Chang: Ach so – ja dann. *Steht auf.* Also, bis morgen. *Beide ab.*

Im kaiserlichen Garten

1. Ouvertüre

(instrumental)

C D/C C C D/C E/A F/G♯ G/F♯ A♭/E
19
A/D♯ B♭/C♯ B/C B/G C/F♯ D F/D G/D Dsus4
22
f
Gm9 Gm/A D F/D G/D
26
mf
D F/D G/D Dsus4 D
29
p
rit.

♪ = 120
meno
33
Gm
Cm9
Dm7
35
Gm9
Gm
Cm7
37
F
B♭
B♭ 7+
F
Gm
Cm
E♭ 7+
40
E♭
F
Dsus4
D
Gm9
Gm
Am/G
43
Gm
Am/G
Gm
Am/G
poco rit.
Gm
Dsus4/A

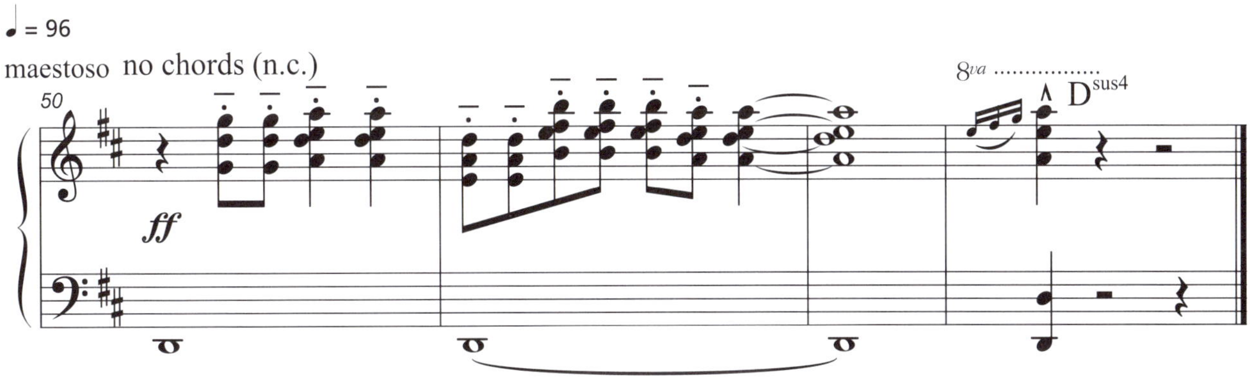

Der Vorhang öffnet sich. Man sieht den Garten des Kaisers.

Haushofmeister *aus dem Off:* Macht Platz! Der Kaiser von China!

Der Kaiser betritt die Bühne, mit ihm sein Hofstaat: Minister, Hofdamen, Diener mit Palmwedeln.

Kaiser: Ah! Dieser herrliche Garten. Er ist mein ganz besonderer Stolz. Selbst der Kaiser von Japan, dieser alte Angeber, hat keinen solch schönen.

Schriftzeichen für „Kaiser"

2. Rondo administrativo

(Kaiser, Minister)

frei
8
n.c.
Kaiser (gesprochen):
Seht, meine goldene Gartenbank!
p
Ped.
Allegretto
11
G♭ no3
Minister:
mf Ei, wie lieb - lich, ei, wie nied - lich,
mf
13
wie ent - zü - ckend, höchst be - glü - ckend.

frei
15
n.c.
Kaiser (gesprochen):
Seht, mein prächtiger Fischteich!
5
5
pp
5
5
Ped.
Allegretto
18
G♭ no3
Minister:
mf Ei, wie lieb - lich,
ei, wie nied - lich,
mf
20
wie ent - zü - ckend,
höchst be - glü - ckend.

frei
22
n.c.
Kaiser (gesprochen):
Seht, mein silberner Springbrunnen!
8va
gliss. (♭)
3
p
f
p
Ped.
Allegretto
26
G♭ no3
Minister:
mf
Ei, wie lieb - lich,
ei, wie nied - lich,
mf
28
wie ent - zü - ckend,
höchst be - glü - ckend.
pp

Haushofmeister: Fürwahr, o großer Kaiser, dieser Park ist das Lieblichste und Niedlichste, was auf der ganzen Welt zu finden ist.

1. Minister: Und seht nur! An jeder Blume hängt ein Glöckchen aus feinstem Porzellan. Wie hübsch es klingt, wenn die Blumen sich im Winde wiegen.

2. Minister *beiseite:* Ja, man darf sie nur nicht berühren, sonst zerbrechen sie.

3. Minister: Und der Fischteich. Wie herrlich sich die Goldfische darin machen.

2. Minister *beiseite:* Ja, man darf sie nur nicht angeln, sonst bekommt man auf den Leib getrampelt.

Haushofmeister: Und diese Bäume! Wie zierlich sie sind. Ganz und gar entzückend!

2. Minister *beiseite:* Man kann nur leider nicht darauf klettern, sie sind nur 17 Zentimeter hoch.

Alle: Oh, großer Kaiser, dir zu huldigen, sind wir erschienen.

3. Die Nachtigall im Park

(instrumental)

♩ = 126

Allegretto

Alle *noch während die Musik erklingt:* Dich lobpreisen wir mit all unserer Kraft. Du, der Beherrscher der Welt. Kaiser und Herr, wir ...

Kaiser: Schweigt! *Alle erschrecken.* Was ist das?

1. Minister: Was ist was, o großer Kaiser?

Kaiser: Ja hört ihr denn nichts? Diese liebliche Musik. Es kommt von weit her. Seid still, hört zu! *Man lauscht eine Weile, die Musik verklingt.*

Kaiser: Schade, man hört nichts mehr. Los, wer kann mir sagen, was das war? Ihr Minister? *Kopfschütteln.* Haushofmeister? *Schulterzucken.* Wenn mir nicht sofort jemand sagt, was das für eine herrliche Musik war, lasse ich euch zur Strafe alle in den Kerker werfen, und ihr bekommt auf den Leib getrampelt!

Diener: Oh, großer Kaiser, Beherrscher der Welt! Erlaubt mir, zu sprechen.

Kaiser: Sprich, wenn du etwas weißt!

Diener: Oh, großer Kaiser, Beschirmer des Weltalls, ich werfe mich hier vor dir in den Staub und erflehe gnädiglich ...

Kaiser: Lass die Formalitäten! Komm zur Sache, Wurm!

Diener: Oh, großer Kaiser, ich Nichtswürdiger wage, mich dir zu nähern und ...

Kaiser: Du sollst zur Sache kommen, oder willst du auf den Leib getrampelt bekommen?

Diener *hastig:* Es war die Nachtigall.

Alle: Die was?

Diener: Ja, Herr. Die Nachtigall. Ein Vogel. Man sagt, es sei das Allerbeste in Euerm Reiche.

Kaiser: So, so. Sagt man das. Und wieso weiß ich nichts davon? Das Allerbeste? Wieso erfahre ich das jetzt erst? Haushofmeister! Minister! Bringt mir diesen ... Vogel. *Nichts passiert.* Sofort!

4. Chinese Boogie

(instrumental)

Während der Musik wuseln die Suchenden auf der Bühne herum, mit dem Schlusston kommen sie wieder auf ihre Ausgangsposition zurück.

Haushofmeister: Oh, großer Kaiser. Wir haben überall gesucht. Von dieser Nachtigall ist keine Spur zu finden.

Minister: Vergebt uns! Gnade! Die Nachtigall war nirgends zu finden.

Kaiser: Ph! Ich will nichts davon hören. In einer Stunde ist mein Rundgang beendet. Bis dahin will ich diese Nachtigall haben. Keine Widerrede! Sonst ...

Haushofmeister: Ich weiß: Wir bekommen auf den Leib getrampelt.

Kaiser und Gefolge ab. Nur der Haushofmeister bleibt allein zurück.

Haushofmeister: In einer Stunde. Ph! Wie soll ich das machen? Ich weiß ja noch nicht mal, wie sie aussieht, diese Nachtigall. *Muli-Nechs betritt die Bühne. Er trägt einen Korb mit Gemüse und ein Samuraischwert. Er beginnt damit, Gemüse zu schneiden oder eher zu zerhacken.* In nur einer Stunde! Und China ist ziemlich groß ... Ich hätte nicht auf meinen Vater hören sollen. „Geh in die Politik, mach etwas aus dir!", das waren seine Worte. Ich wollte nie Politiker werden. Ich wollte immer schon etwas mit Mode machen. Ja, die neueste Frühjahrskollektion entwerfen. Das täte ich gern. Aber mein Vater wollte ja unbedingt, dass ich in die Politik gehe. Schon als Kind habe ich immer lieber mit meinen Puppen gespielt als mit dem Holzschwert. Nein! Er wollte ja unbedingt, dass ich in die Politik gehe. Aber mal ehrlich. Ich bin jetzt seit dreißig Jahren Haushofmeister. Aber glauben Sie, nur einmal, wirklich nur einmal hätte jemand zu mir gesagt: „Gut gemacht, Haushofmeister!"? Das können Sie vergessen. Fehlanzeige! Seit dreißig Jahren nichts als ein „Ph!". Dabei mache ich die ganze Drecksarbeit hier im Palast. *Bemerkt Muli-Nechs. Den folgenden Dialog im militärischen Ton:* He du!

Muli-Nechs: Wer? Ich, Herr?

Haushofmeister: Ja, du!

Muli-Nechs: Wer? Ich, Herr?

Haushofmeister: Genau! He, du! Was tust du hier?

Muli-Nechs: Ich schneide das Gemüse, Herr!

Haushofmeister: Wie ist dein Name?

Muli-Nechs: Muli-Nechs, Herr!

Haushofmeister: Gefällt dir deine Arbeit, Muli-Nechs?

Muli-Nechs: Ja, Herr! Es macht mir Freude, das Gemüse zu zerhacken. Ich hasse Gemüse!

Haushofmeister: Du hasst Gemüse, Muli-Nechs?

Muli-Nechs: O ja, ich hasse es. Gurken, Karotten, Zwiebeln, Knoblauch, Ingwer, das ganze grüne Gesocks. Ich kann es nicht leiden, deshalb macht es mir Freude, das Gemüse zu zerhacken.

Haushofmeister: Ist das nicht etwas ungewöhnlich für einen Koch? Woher kommt deine Abneigung gegen das Gemüse?

Muli-Nechs: Meine Frau zwang mich immer, Gemüse zu essen. Daher verabscheue ich das ganze grüne Gesocks.

Haushofmeister: Ein Koch, der Gemüse verabscheut, seltsam. Ja, welche Art von Nahrungsmitteln magst du denn?

Muli-Nechs: Fischstäbchen, Herr!

Haushofmeister: Was!? Ein Koch, der am liebsten Fischstäbchen isst?

Muli-Nechs: Ja, Herr, ich liebe Fischstäbchen. Diese kleinen braunen pelzigen Dinger. Ich gebe ihnen lustige Vornamen.

Haushofmeister: Was!? Du gibst deinen Fischstäbchen Namen?

Muli-Nechs: Ja, Sir. I Glu, Al Di, Karl-Heinz. Ich gebe ihnen Namen, Herr. Dann unterhalte ich mich mit ihnen.

Haushofmeister: Was, du unterhältst dich mit ihnen?

Muli-Nechs: O ja, Herr, das tue ich. Ich höre auf das, was sie sagen.

Haushofmeister: Aha, du unterhältst dich also mit deinen Fischstäbchen, denen du lustige Namen gegeben hast. Und was sagen sie so, deine Fischstäbchen?

Muli-Nechs: Wenig, Herr, sehr wenig. Meistens hören sie mir nur zu. Ich erzähle ihnen lustige Geschichten. Ich mag es, wenn mir jemand zuhört. Meine Frau hat mir nie zugehört. Dabei habe ich ihr oft genug gesagt: Ich hasse Gemüse. Sie hätte besser zuhören sollen, meine Frau. Doch meine Frau zwang mich immer und immer wieder, Gemüse zu essen, dabei hasse ich das ganze grüne Gesocks. Ich liebe Fischstäbchen.

Haushofmeister: Aha, und was meint deine Frau dazu, dass du deinen Fischstäbchen Vornamen gibst und ihnen lustige kleine Geschichten erzählst?

Muli-Nechs: Meine Frau sagt nichts und hat keine Meinung, Herr.

Haushofmeister: Das kann ich mir aber schwer vorstellen, deine Frau muss doch eine Meinung zu der Sache haben. Ja, sagt sie denn überhaupt nichts dazu?

Muli-Nechs: Meine Frau kann nichts mehr meinen, Herr.

Haushofmeister: Äh. Wie meinst du das?

Muli-Nechs: Ich liebe Fischstäbchen. Aber ich hasse Gemüse ... und meine Frau hätte besser zuhören sollen. *Er hebt das Schwert.*

Haushofmeister *erschrocken:* Äh, was wollte ich eigentlich? Ach, ja. Die Nachtigall ... Höre, Muli-Nechs, kennst du einen Vogel mit Namen Nachtigall?

Muli-Nechs: Nachtigall? Ich denke schon, Herr. Ich kenne ihren Gesang. Jeden Abend gehen wir dorthin, I Glu, Al Di, Karl-Heinz und ich. Wir lauschen ihrem Gesang. Ich liebe den Gesang der Nachtigall. Aber ich hasse Gemüse. Nie würde ich eine Gurke oder sonst ein grünes Gesocks mitnehmen, um dem Gesang der Nachtigall zu lauschen. Gemüse hat keinen Sinn für Kunst. Daher nehme ich jeden Abend meine Fischstäbchen mit. Sie freuen sich immer so.

Haushofmeister: Äh, ja ... höre nun Muli-Nechs, der Kaiser wünscht, dass die Nachtigall heute Abend bei ihm singe. Kannst du uns zu dem fraglichen Vogel führen?

Muli-Nechs: Ja, Herr.
Das Zielobjekt befindet sich am Ende des Gartens auf einem Baum.

Haushofmeister: Etwa dort, wo das ganze Unkraut wuchert? Das ist doch hoffentlich ungefährlich?

Muli-Nechs: Leider nein, Herr! Es ist sogar ziemlich gefährlich dort.

Haushofmeister: Wie meinst du das?

Muli-Nechs: Es gibt dort undurchdringliche Hecken, riesige Spinnen, blutdürstige Zecken ... und ... giftige Schlangen.

Haushofmeister: Giftige Schlangen? So, so. Nun, vielleicht wäre es am besten, du gehst schon mal vor.

Muli-Nechs: Ein guter Plan. Ich gehe vor, kundschafte das Gelände aus, und Ihr kommt dann nach?

Haushofmeister: Hm, ja, so ähnlich ... Ich denke, es ist am besten, wenn ich hier warte und Wache halte. Nun gut. Was ist dein Dienstgrad, Muli-Nechs?

Muli-Nechs: Ich bin der kaiserliche Hofgemüsehäcksler, Herr.

Haushofmeister: Wenn wir die Nachtigall mit deiner Hilfe finden, wirst du offiziell zum kaiserlichen Oberhofgemüsehäcksler befördert.

Muli-Nechs: O danke, Herr.

Haushofmeister: Nichts zu danken. Übrigens, sollte die Mission fehlschlagen, wird dir auf dem Leib herumgetrampelt werden. Also dann! Uhrenvergleich!

Beide in unterschiedliche Richtungen schnell ab.

4. Chinese Boogie – Reprise (ad lib.)

(instrumental, Noten: siehe Seite 16)

Musik endet, der Kaiser und sein Gefolge treten auf.

Kaiser *zum Haushofmeister:* Und du glaubst, dieser – wie heißt er noch? – weiß, wo dieser seltsame Vogel zu finden ist?

Haushofmeister: O gewiss doch, großer Kaiser. Er machte einen sehr – ähäm – vertrauenserweckenden Eindruck. Ich glaube, er wird seine Mission zu Eurer vollen Zufriedenheit erfüllen.

Kaiser: Das will ich auch hoffen, denn sonst ...

Alle: ... bekommst du auf den Leib getrampelt!

Kaiser: So. Bald ist die Stunde vorüber. Stellt meine kaiserliche Geduld nicht auf eine zu lange Probe.

1. Minister: Wie wird die Nachtigall wohl aussehen?

3. Minister: Sie ist gewiss von adligem Geblüte wie die Pferde des großen Kaisers.

1. Minister: Ob sie wohl auch so golden schimmert wie die Fische im Teich?

2. Minister: Ob sie wohl auch so zerbrechlich ist wie unsere Porzellanglöckchen?

5. Prélude

(instrumental)

Kaiser *während der Musik:* Still, ich höre was!

1. Minister: Ich bin sehr gespannt, wie sie aussieht.

2. Minister: Hört mal, ich seh was!

Haushofmeister: Ja, das müssen sie sein! Ich erkenne Muli-Nechs.

1. Minister: Ja, aber was schwirrt ihm denn da um den Kopf herum?

3. Minister: Man kann es nicht richtig erkennen. Es wird allmählich schon dunkel. Vielleicht eine Fledermaus?

Muli-Nechs und die Nachtigall treten auf, die Nachtigall ganz in Grau und unscheinbar.

1. Minister: Was? Das ist die Nachtigall? Wie unscheinbar sie aussieht!

2. Minister: Ist es möglich? Vielleicht hat sie die Farbe darüber verloren, dass sie so viele vornehme Menschen um sich herum erblickt. Nein, wie gewöhnlich sie aussieht. Ph!

Kaiser: Still jetzt! Du bist also diese Nachtigall, die alle so sehr rühmen. Nun, wenn du eine so herrliche Sängerin bist, lass uns eine Probe deines Könnens hören! Singe für mich!

Die Nachtigall ist offensichtlich eingeschüchtert und zögert.

Kaiser: Nur keine Angst. Lass uns dein Lied hören.

Nachtigall: Wenn Ihr es wünscht ...

6. Die Lieder der Nachtigall

(Nachtigall, Chor)

7
B♭ 7+
D♭ 7+
E♭ 9
wei-chen die Sor-gen der Nacht, dass dir dein Herz_ er-
10
B♭
Gm
E♭ 9
wacht. Sie singt_ von Sehn - sucht und
13
Gm9
E♭
Trau - er._ Sie singt_ von
16
Cm
Gm9
Gm
Leid und von tie - fem Schmerz._ Doch auch von

19
Cm
Cm7
Cm6
Glück, Zu - frie - den - heit und Freu - de singt
21
Gm9
sie ein klei - nes Lied.
23
E♭
Cm7
Cm6
Al - len Men - schen Trost zu spen - den, singt die

Gm9
Cm7 9
F
Chor (Alle):
Nach - ti - gall. Die
B♭ 7+
D♭ 7+
E♭ 7+
Lie - der der Nacht - ti - gall, du hörst ih - ren Wi - der -
B♭
B♭ 7+
D♭ 7+
hall. Es wei - chen die Sor - gen der Nacht, dass
E♭ 9
B♭ 9
B♭/C
Chor: Ah
Nachtigall:
dir dein Herz er - wacht.

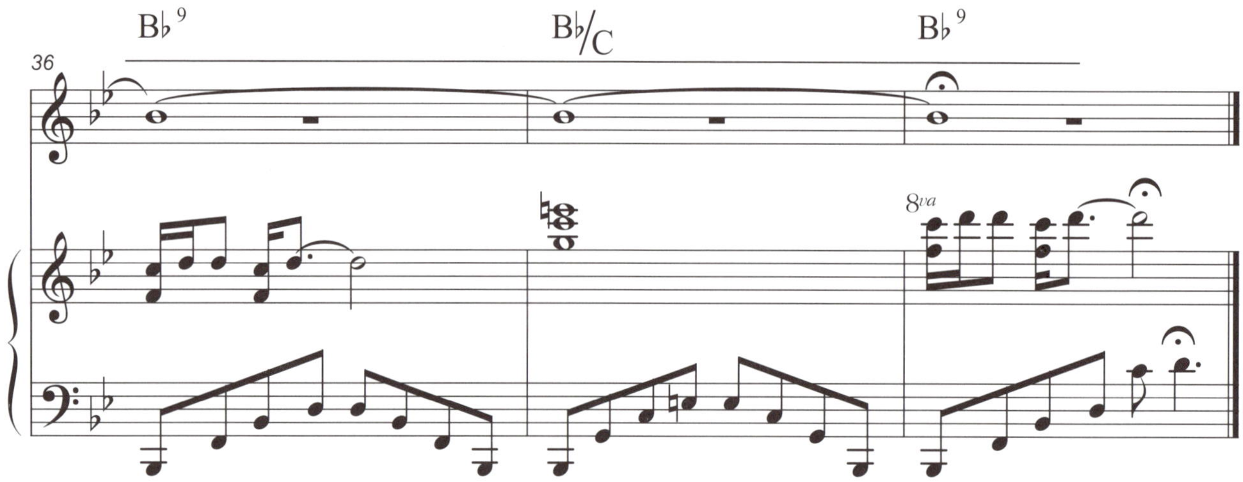

Kaiser: Nein, wie herrlich! Nie zuvor hörte ich etwas so Wunderbares. Eine wahrhaft himmlische Musik. Singe weiter für mich.

Schriftzeichen für „Musik"

7. Berceuse – Thema

(Nachtigall, Chor I + II)

9
B^sus4 B Em Em Am^6 Am B^sus4/F♯ Bm Em
stil - le Nacht, mond - be - glänz - te Zau - ber - nacht.
Chor I + Nachtigall:
12
G Bm G Bm
Tan - da - ra - dei, tan - da - ra - dei,
Chor II:
Tan - da - ra - dei, tan - da - ra
14
G D D G A Em^9
tan - da - ra - dei, tan - da - ra - dei. Oh, wie schön singt die
tan - da - ra - dei, tan - da - ra - dei. Oh, wie schön singt die

17
A Bm6 A Em9 A B
Nach - ti - gall. (summen)
rit.
Nach - ti - gall. (summen)
rit.
20
B D D4+
f
24
Nachtigall:
Gm Cm9 Dm Gm
mf
Sin - get lei - se, lei - se, lei - se, singt ein
mf

27
Cm7 F B♭ F Cm7
flü - sternd Wie - gen - lied. So-lan-ge der Mond__ scheint, Träu-me, Er -
30
Gm Cm6 Cm/E♭ Dsus4 D Gm Gm Cm6 Cm
in - ne-run - gen wer-den wach, mond-be-glänz - te
33
Dsus4/A D Gm B♭ Dm B♭ Dm
Chor I + Nachtigall:
Zau - ber - nacht. Tan - da - ra - dei, tan - da - ra - dei,
Chor II:
Tan - da - ra - dei, tan - da - ra

36
B♭ F B♭ C Gm9
tan - da - ra - dei, tan - da - ra - dei. Oh, wie schön singt die
tan - da - ra - dei, tan - da - ra - dei. Oh, wie schön singt die
39
C Dm6 C Gm9
Nach - ti - gall. (summen)
Nach - ti - gall. (summen)
C D D♭ C F♯ E
41
8va

Kaiser: Nein, welch lieblicher Gesang. Ich bin zu Tränen gerührt. Du sollst bei mir im Palast wohnen und mein Hofsänger werden. Ich will dir einen goldenen Käfig bauen lassen und dich mit Rubinen und Saphiren überhäufen. Du sollst zwölf Diener bekommen, die dir jeden Wunsch von den Augen ablesen.

Nachtigall: Oh, großer Kaiser, die Tränen in deinen Augen sind für mich der größte Schatz. Ich brauche keinen goldenen Käfig, ich brauche keine Rubine und Saphire, und ich brauche keine zwölf Diener, die mir jeden Wunsch von den Augen ablesen. Bitte lasst mich in Freiheit leben. Meine Lieder klingen in der Natur am schönsten.

Kaiser: Natur? Ph! Du sollst bei mir im Schloss wohnen und mich mit deinem Gesang erfreuen. Und keine Widerrede. Dies ist ein kaiserlicher Befehl. Und du, *zeigt auf Muli-Nechs* du sollst ab heute der höchstkaiserliche Oberhofnachtigallenbringer sein. Du bekommst natürlich ein doppeltes Gehalt.

Muli-Nechs: Äh, großer Kaiser, Beherrscher der Welt ...

Kaiser: Ja?

Muli-Nechs: Ich habe bisher gar kein Gehalt bekommen.

Kaiser: Was? Äh, nun gut ... dann bekommst du eben ab heute das Dreifache. Nun aber zurück in den Palast. Mein Magen knurrt. Staatsgeschäfte machen mich immer so hungrig.

Alle ab, außer den Ministern und dem Haushofmeister.

1. Minister: Goldener Käfig! Ph!

2. Minister: Rubine! Saphire! Ph!

3. Minister: Zwölf Diener! Ph!

Haushofmeister: Im Palast wohnen? Dieser kleine graue Vogel!?

1. Minister: Das ist weder lieblich ...

2. Minister: ... noch niedlich ...

3. Minister: ... noch entzückend ...

Haushofmeister: ... und ganz und gar nicht beglückend!

1. Minister: Im Palast zu wohnen hat sie kein Recht!

Die Übrigen *laut:* Das ist schlecht!

1. Minister: Nicht so laut, man könnte uns hören!

8. Oh, diese Nachtigall! – Variation I

(Minister, Haushofmeister)

11
Cm7 F B♭7+ E♭7+
klein und grau in grau.
woh - nen hat sie kein Recht!
Zeit, dass man sie ver - jagt!
14
B♭7+ D♭/E♭ Cm9
1. - 3. Doch un - ser
17
Dm7 Cm7 Gm Cm6+ A5-/C♯
Kai - ser hat sie ins Herz ge - schlos - sen,
21
Dsus4 D Gm Gm6- Gm6+ Gm6-
das ist schlecht!
* m.d. (re. Hd.)

26
B♭
D sus4
B♭
D sus4
B♭
Tan - da - ra - dei! Tan - da - ra - dei! Tan - da - ra -
31
D sus4
D
dei!
f
D.C.
con rep.
33
Gm9
Cm9
Gm9
Cm9
f
37
Gm5-
Cm9-
Gm
Cm
f
Oh, die - se

Haushofmeister: Los, kommt! Man wird uns bei Tische schon vermissen!

Ab. Vorhang.

9. Musette de Cour – Variation II

(instrumental)

Szene III

Ein Jahr später

Cheng und Chang vor dem geschlossenen Vorhang, in ihrer wohlbekannten Art auf Rechen und Besen abgestützt.

Cheng *seufzt.*

Chang *seufzt.*

Chang: Ganz schöne Aufregung, was?

Cheng: Na ja, du weißt doch: hoher Besuch. Da machen sie immer mächtig Dampf.

Chang: Na und? Wen juckt's? Soll er nur kommen, der hohe Besuch. Ist mir doch egal!

Cheng: Dir schon. Aber dem Kaiser nicht. Du weißt doch: Wenn sein Schwager, der Kaiser von Japan, sich angesagt hat, herrscht immer Alarmstufe Rot.

Chang: Ja. Mit meinem Schwager ist es dasselbe. Wenn der zu Besuch kommt ... also da könnte ich dir was erzählen. Dann ist das Fleisch zu zäh, der Wein zu sauer und der Reis zu klebrig. Nichts kann man ihm recht machen. Aber auch rein gar nichts. Außerdem ist der ein aufgeblasener Fatzke.

Cheng: Kenn ich, kenn ich. Man müsste mal was erfinden.

Chang: Wie? Was erfinden.

Cheng: Reis. Reis, der nicht klebt.

Chang: Und was hat das jetzt mit deinem Schwager zu tun?

Cheng: Nichts. Ich meine nur. Es wäre eine gute Geschäftsidee. Reis, der nicht klebt. Und das in einem Land mit einer Milliarde Chinesen. Man könnte reich werden. Denke nur an Muli-Nechs.

Chang: Was hat das jetzt mit Muli-Nechs zu tun?

Cheng: Nichts. Aber du weißt doch, wie reich er geworden ist?

Chang: Ja, natürlich. Jeder hier in China weiß das. Er hat ein Buch geschrieben.

Cheng: Ja, erst vor einem Jahr noch war er gewöhnlicher kaiserlicher Gemüsehäcksler. Dann wurde er befördert und schrieb ein Buch: „Mein Leben als Oberhofnachtigallenbringer“. Jeder hier in China hat es sich gekauft. Bei einer Milliarde Chinesen nicht schlecht. Man muss das Buch einfach haben.

Chang: Ja. Man muss es einfach gelesen haben. Sonst ist man ein Niemand.

Pause. Beide seufzen.

Chang: Du, Cheng?

Cheng: Ja, Chang?

Chang: Äh, hast du es eigentlich gelesen?

Cheng: Was gelesen?

Chang: Na, das Buch!

Cheng: Welches Buch?

Chang: Na, das Buch. Du weißt schon: „Mein Leben als Oberhofnachtigallenbringer".

Cheng: Ach so! *Das* Buch ... Äh, ehrlich gesagt ... Nein.

Chang: Wie, du hast das Buch gekauft und hast es nicht gelesen?

Cheng: Äh, nein. Wieso?

Chang: Ist das nicht ein wenig seltsam? Du hast ein Buch gekauft und hast es nicht gelesen?

Cheng: Na und? Wenn man das Buch nicht hat, ist man ein Niemand. Man kann nicht mitreden. Und außerdem ...

Chang: Was ist ... außerdem?

Cheng: Ich kann nicht lesen.

Chang: Was? Du kannst nicht lesen?

Cheng: Nö, Muli-Nechs kann ja auch nicht lesen.

Chang: Was? Er kann auch nicht lesen? Ja, wie hat er es dann schreiben können?

Cheng: Er hat es ja auch nicht geschrieben. Er hat es schreiben lassen. Das macht doch heute jeder so. Völlig normal.

Chang: Das findest du normal? Jemand, der nicht lesen kann, verfasst ein Buch, das jeder kauft, aber keiner liest?

Cheng: Ist doch egal. Außerdem weiß ich, was drin steht. Meine Frau hat's mir gesagt.

Chang: Wie, deine Frau kann lesen?

Cheng: Nein. Aber mein Schwager, der alte Angeber. Der hat's meiner Frau erzählt, und die hat's mir erzählt.

Chang: Also, ich find das nicht normal.

Cheng: Na und? Hauptsache das Buch verkauft sich. Und das Buch von Muli-Nechs hat sich gut verkauft. Sehr gut sogar. Die Leute waren ganz wild auf die Geschichten rund um die Nachtigall. Wenn jemand berühmt ist, will man eben alles von ihm wissen. Auch wenn's nur ein kleiner, grauer Vogel ist.

Chang: Das ist widerlich. Du bist widerlich.

Cheng: Was soll das jetzt?

Chang: Geschäftemacher, allesamt. Aber an die Nachtigall denkt keiner. Die sitzt im goldenen Käfig. Und wer denkt an uns? Uns Arbeiter. Früher konnte man jeden Abend den Gesang der Nachtigall hören. Und jetzt? – Stille. Mit viel Glück hört man noch irgendwo einen Frosch quaken. Das ist aber schon alles.

Cheng: Jetzt, wo du's sagst, hör ich's auch.

Chang: Was?

Cheng: Nichts. Man hört nichts. Hör mal ...

Chang: Stimmt.

Cheng: Das ist eine Frechheit!

Chang: Genau! Unverschämt, sich so am Volkseigentum zu vergreifen! Man müsste die Nachtigall befreien! Freiheit für Kleingeflügel aller Art!

Cheng: Jawoll! Freiheit für Kleingeflügel aller Art!

Chang: Nieder mit den Blutsaugern!

Cheng: Nieder mit den Blutsaugern!

Chang: Volksfront zur Befreiung singenden Kleingeflügels! So sollten wir uns nennen!

Cheng: Jawoll! Nieder mit den Blutsaugern!

Chang *begeistert:* Jawoll. Nieder mit den Blutsaugern! Auch wenn es unseren Kopf kostet! ... Und du könntest unser Anführer sein!

Cheng *etwas weniger begeistert:* Äh, Chang?

Chang: Ja?

Cheng: Ich glaube, es ist besser, du gehst schon mal vor.

Chang: Feigling!

Beide ab.

Szene IV

Im Palast des Kaisers

Vorhang auf. Im Palast: der Kaiser, Hofstaat. Diener sind damit beschäftigt, den Kaiser anzukleiden.

Kaiser: Und dass man mir ja kein Stäubchen sieht. Das wäre eine Katastrophe.

Haushofmeister: Nein, Herr. Ich habe alles noch einmal kontrolliert. Kein Stäubchen, nirgendwo. Ihr könnt beruhigt sein.

Kaiser: Mein Gewand. Wie sehe ich aus? Ist der Faltenwurf auch perfekt?

Haushofmeister: Perfekt, Herr. Wie mit dem Lineal gezogen. Kein einziger Knitter.

Kaiser: Kein einziger?

Haushofmeister: Ihr könnt beruhigt sein, Herr.

Kaiser: Und meine Krone? Sitzt sie gerade? Hat sie auch den rechten Glanz?

Haushofmeister: Oh, großer Kaiser, diese Nacht habe ich sie noch von sieben Dienern sieben Stunden lang putzen und wienern lassen. Sie glänzt wie die Sonne selbst.

Kaiser: Und der Garten?

Haushofmeister: Perfekt. Jeder einzelne Grashalm wurde nochmal mit der Nagelschere nachgeschnitten. Ihr könnt getrost Euren Besuch empfangen. Euer Schwager, der Kaiser von Japan, wird beschämt sein von all der Pracht, die Ihr zu bieten habt.

Kaiser: Beschämt sein? Glaubst du wirklich?

Haushofmeister: Äh, ich denke schon ...

10. Marsch der Japaner

(Japaner)

Die „aufgehende Sonne" vor weißem Hintergrund ist die Nationalflagge von Japan.

17
f
Ja, wir Sol-da - ten mar - schie - - ren, ja, mar - schie - ren.
f
3
20
Ja, wir Sol-da - ten mar - schie - - ren, ja, mar -
23
Dno3/A Cno3/E
Dno3
n.c.
schie - ren.
3
3

Kaiser: Still! Ich höre Marschmusik. Das wird er sein. Ohweiohwei!

Haushofmeister: Seht, da! Dort kommen sie.

Während der Musik marschieren die Japaner auf die Bühne. Kaiser, Gefolge mit einer Kiste. Darin die künstliche Nachtigall.

Kaiser von Japan: Oh, mein Rücken! Diese chinesischen Straßen aber auch. Ein Schlagloch neben dem anderen. Ich habe ein Gefühl, als hätte man mir jeden Knochen einzeln gebrochen. Wenn ich da an unsere japanischen Straßen denke. Nein, dieses China ... Ph!

Kaiser von China: Ähm... Sei gegrüßt, mein lieber Schwager. Willkommen in meinem hmm... bescheidenen Palast.

Kaiser von Japan: Bescheiden? Du sagst es.

Kaiser von China: Äh... und wie war deine Reise?

Kaiser von Japan: Furchtbar, ganz furchtbar. Also diese chinesischen Straßen. Entsetzlich. Da müsstest du mal unsere japanischen sehen. Die reinste Wonne.

Kaiser von China: Aha. Die reinste Wonne also. Und was verschafft mir die Ehre deines Besuches, geliebter Schwager?

Kaiser von Japan: Wie ich höre, hast du einen kleinen grauen Vogel zu deinem Hofsänger gemacht? Ganz Asien spricht davon. Wie lächerlich! Ein kleiner grauer Vogel. Das passt eigentlich ganz gut zu dir ... und zu deinem Palast ... Klein und grau. Ich habe dir daher ein Geschenk mitgebracht, etwas viel Besseres als so ein kleiner Vogel. Denn du weißt ja: Die japanischen Produkte sind die besten der Welt.

Kaiser von China: Die besten der Welt? Wirklich?

Kaiser von Japan: Natürlich! Die reinste Wonne.

11. Wir sind die Größten!

(Japaner)

Japaner:
13
Em7 Em6 Em7 Em6 Em7 Em6 Em7 Em6
Selbst un - ser Un-kraut ist in Ja - pan schö - ner
Hier in Chi - na, da ist al - les schlech-ter
17
D7+ D6 D7+ D6 D7+ D6 D7+ D6
Einer:
als al - le Blu-men bei euch. Mit - su - bi - shi.
als in Ja - ha - pa - han. Yo - ko - ha - ma.
Japaner:
21
G7+ F♯m7
1. + 2. Al - les ist grö - ßer und viel schö - ner als hier in Chi - na.

Kaiser: Mercedes? Du spinnst wohl.

Einer: Oh, äh. Entschuldigung.

Kaiser: Also, weiter! Drei, vier:

Kaiser von China *nach der Musik:* Aha. Die Allergrößten also? Na, dann lass mal sehen, was du mir als Geschenk mitgebracht hast!

Kaiser von Japan: Man bringe die Kiste!

Die Kiste wird in die Mitte der Szene gestellt. Chinesen und Japaner stehen drum herum.

Kaiser von Japan: Aufmachen!

Die Kiste wird aufgemacht, und ihr entsteigt die künstliche Nachtigall.

Chinesen: Ohhh!

Kaiser von Japan: Aufziehen!

Schriftzeichen für „Vogel"

12. Die künstliche Nachtigall (Chinese Polka)

(instrumental)

Die künstliche Nachtigall tanzt. Nach einiger Zeit erlahmt die Feder, und die Nachtigall bleibt stehen.

Chinesen: Ohhh!

Kaiser von China: Was ist jetzt los? Ist sie etwa kaputt?

Kaiser von Japan: Unsinn. Du musst sie nur wieder aufziehen. Los!

12. Chinese Polka – Reprise (ad lib.)

(instrumental, senza rep.)

Die künstliche Nachtigall wird aufgezogen und tanzt wieder.

Chinesen: Aaahh!

Kaiser von China *nachdem die künstliche Nachtigall wieder zum Stehen gekommen ist:* Also ich muss schon sagen, das ist wirklich lieblich ...

1. Minister: ... und so niedlich ...

2. Minister: ... und so entzückend ...

3. Minister: ... und so beglückend.

Kaiser von Japan: Nicht wahr? Da staunt ihr? Da kannst du deinen kleinen grauen Vogel vergessen. Der kommt hier nicht gegen an! Stimmt's?

Kaiser von China: Äh, mh, ich weiß nicht, vielleicht ...

Haushofmeister: Man müsste die beiden Nachtigallen einmal zusammen singen lassen. Das wäre eine Wonne.

Alle: Gute Idee. Ein Duett!

Kaiser von China: Bringt die natürliche Nachtigall!

Muli-Nechs bringt die natürliche Nachtigall.

Kaiser von China: Nun, ihr beiden. Ein musikalischer Wettstreit. Lasst nun beide zugleich singen!

13. Duett der Nachtigallen

(Nachtigall)

Buh-Rufe, die natürliche Nachtigall verstummt, etwas später die mechanische (relativ abrupt).

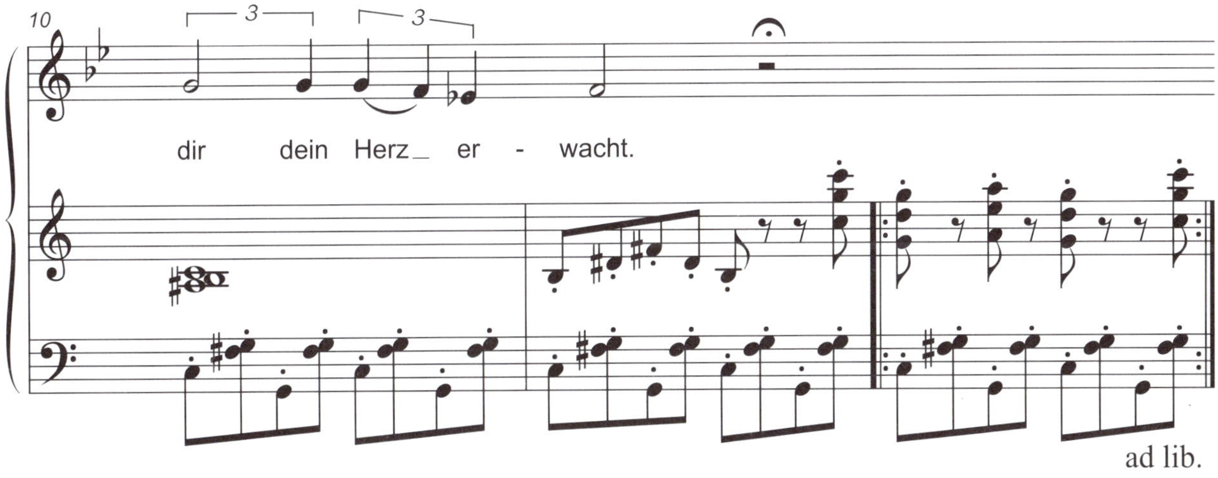

Kaiser von Japan: Das klingt ja grauenvoll! Einfach furchtbar. Also an meiner Nachtigall kann es nicht liegen. Die macht keine Fehler.

Kaiser von China: Ja, also, ich weiß nicht. Vielleicht war es deine künstliche Nachtigall, die so falsch gesungen hat. Ja, ich bin mir sogar ziemlich sicher. Unsere Nachtigall hat richtig gesungen.

Kaiser von Japan: Unsinn. Unsere Nachtigall hat richtig gesungen. Du willst doch nicht allen Ernstes behaupten, dass sich dein kleiner grauer Vogel mit unserer künstlichen Nachtigall messen kann? Einfach absurd!

Kaiser von China: Das ist nur, weil du nicht zugeben willst, dass auch mal ein chinesisches Produkt besser sein kann als eure japanischen.

Kaiser von Japan: Besser als die japanischen? Da muss ich aber lachen silberhell! Auf dem Niveau muss ich erst gar nicht diskutieren. Schließlich weiß jeder, dass euer chinesischer Schrott aber auch wirklich zu gar nichts gut ist!

Kaiser von China: Chinesischer Schrott!? Unverschämtheit! Und wer hat dann bitte schön das Schießpulver erfunden? Und das Porzellan? Und das Papier?

Kaiser von Japan: Na und? Trotzdem hat deine Nachtigall falsch gesungen! Bäh!

Kaiser von China: Deine!

Kaiser von Japan: Deine!

Kaiser von China: Deine!

Kaiser von Japan: Deine!

Der Vorstands-vorsitzende *sitzt im Publikum:* Heda. Hallo!

Kaiser von China: Was?

Der Vorstands-vorsitzende: Hallo Sie da. Entschuldigen Sie bitte, dürfte ich mal ...

Kaiser von China: Sehen Sie nicht, dass Sie hier stören?

Der Vorstandsvorsitzende *kommt auf die Bühne:* Nur ganz kurz, eben mal. Aber wenn ich das schon höre: Welche von beiden hat falsch gesungen? Darüber kann es doch wohl keinen Zweifel geben? Oder ... Wie? Was?

Kaiser von China: So, sind Sie sich da so sicher?

Der Vorstandsvorsitzende: Ich sage nur: Der Japaner schläft nicht! Keine Frage das! Der Japaner schläft nicht!

Kaiser von China: Entschuldigen Sie, ich weiß nicht, was Sie damit meinen.

Der Vorstandsvorsitzende: Der Japaner schläft nicht!

Kaiser von China: Was?

Der Vorstandsvorsitzende: Ich sage nur: Toyota!

Kaiser von China: Towas!?

Der Vorstandsvorsitzende: Entschuldigen Sie. Ich war wohl etwas voreilig, aber Sie wissen ja, Zeit ist Geld. Mein Name ist Ferdinand von Huttenkötter, Doktor der Volkswirtschaft, wenn Sie wissen, was ich meine. Ich vertrete hier die europäische Sektion von *Nightingale Industries*. Eine 100%ige Tochter von Toyota. Achthundert Milliarden Überschuss allein im letzten Quartal.

Kaiser von China: Achthundert Milliarden Dollar?

Der Vorstandsvorsitzende: Äh, nein, Yen natürlich.

Kaiser von China: Ach so.

Der Vorstandsvorsitzende: Was heißt hier „Ach so"? Unser Unternehmen ist schwer im Kommen. In spätestens einem Jahr werden wir globaler Marktführer sein. Mit unserer *Natural-Pet-Game-Produktpalette* wird der Begriff Natur ganz neu definiert werden müssen. Bei uns gibt es alles: künstliche Hunde, künstliche Goldfische, künstliche Vögel. Was Sie hier sehen, ist übrigens unser Modell *Nighti 3000*. In Japan, nebenbei bemerkt, schon ein absoluter Renner. Sehen Sie sich unsere Produkte an, einfach perfekt das Ganze. Sie werden nie krank, sie brauchen keinen Urlaub, man spart das Futter ... und sie sind in keiner Gewerkschaft organisiert.

Kaiser von China: Schön und gut. Aber – wo bleibt die Natur. Was ist mit der Natur?

Der Vorstandsvorsitzende: Ach was, die Natur. Papperlapapp. Die Viecher kacken Ihnen doch nur die Bude voll. Und dann bedenken Sie: die ganzen Allergien, die diese Viecher auslösen. Ganz zu schweigen von der Vogelgrippe und ähnlichen unerfreulichen Nebenwirkungen. Nein, nein. Unsere Produkte sind hyperclean. Das Nachfolgeprodukt der Nighti 3000 wird übrigens selbstreinigend sein. Wir arbeiten daran. Der Japaner schläft nicht, wie ich schon sagte.

Kaiser von China: Aber – was ist mit dem Gesang? Nehmen wir doch einfach mal hier ... die natürliche Nachtigall. Was ist damit? Ihr Gesang wird doch dadurch erst wirklich schön, dass man nicht weiß, was als nächstes kommt.

Der Vorstandsvorsitzende: Sehen Sie, genau das ist der Denkfehler. Die sogenannte Unvorhersehbarkeit. Ph! Wir haben dieses Problem gelöst. Oder wollen Sie sich etwa von der Lust und Laune einer solch niederen Kreatur abhängig machen? Nein, nein. Mit unserer Nighti 3000 sind Sie auf der sicheren Seite. Sie haben die Möglichkeit, zwischen 128 verschiedenen Tonfolgen zu wählen, die Sie je nach Ihrer eigenen Gemütsverfassung auswählen können. Wir steuern den Zufall! Diversifizierung und Individualisierung. Nicht zu vergessen die Globalisierung. Unsere Nachtigall liegt voll im Trend! Übrigens, sie ist polylingual!

Kaiser von China: Sie ist was?

Der Vorstandsvorsitzende: Polylingual eben. Sie beherrscht mehrere Sprachen. Sie beherrscht unter anderem auch den Kuckucksruf.

Kaiser von China: Was!? Eine Nachtigall, die „Kuckuck" ruft?

Der Vorstandsvorsitzende: Ja, schaun Sie, wir von Nightingale Industries haben die Zeichen der Zeit erkannt. Es genügt nicht mehr, ein oder zwei Sprachen zu beherrschen, Globalisierung halt eben. Außerdem verfügt unser Modell über ein Modul, das ihm ermöglicht, Neues zu lernen. Künstliche Intelligenz, wenn Sie verstehen, was ich meine. Die Nighti 3000 kann selbständig fremde Sprachen erlernen.

Kaiser von China: Und so was funktioniert?

Der Vorstandsvorsitzende: Selbstverständlich. Wir von Nightingale Industries machen keine Fehler.

Kaiser von China: Und? Was hat sie sich so selber beigebracht, Ihre Nighti 3000?

Der Vorstandsvorsitzende: Das Bellen. Sie bellt.

Kaiser von China: Eine Nachtigall, die „Kuckuck" ruft und sich selber das Bellen beigebracht hat?

Der Vorstandsvorsitzende: Ja, da staunen Sie! Der Japaner schläft nicht. Ich sagte es Ihnen bereits. Aber mal ganz im Vertrauen. Wir sind gerade dabei, in Deutschland zu expandieren.

Kaiser von China: Wie das? In Deutschland? Bei diesen Quarkgesichtern etwa?

Der Vorstandsvorsitzende: Ja, ja. Wir kaufen gerade den Schwarzwald auf.

Kaiser von China: Den Schwarzwald? Ja, geht denn so was?

Der Vorstandsvorsitzende *singt:* Nichts ist unmöglich, Toyota! *spricht:* Ich denke manchmal, Sie hören mir nicht richtig zu. Ich sagte doch bereits, wir sind eine Tochter von Toyota. Schaun Sie doch nur, das ist die Vision der Zukunft: Wir kaufen den Schwarzwald auf, außer dem Titisee gehört uns ja sowieso schon alles. Dann sägen wir diese halbtoten Bäume ab, die machen's sowieso nicht mehr lange. Wir schicken sie gewissermaßen in Frührente. Ha! Ha! Kleiner Scherz. Das Ganze wird natürlich mit Steuermitteln bezahlt. Ha! Ha! Kein Scherz! Dann stellen wir überall künstliche Tannenbäume auf, die wir ganzjährig mit Christbaumkugeln und Lametta behängen. Alle Bäume sind natürlich von innen beleuchtet und darüber hinaus mit Bewegungsmeldern ausgestattet. Sobald man sich ihnen auf drei Meter nähert, spielen sie „Jingle Bells". Und jetzt kommt das Beste: Auf der Spitze eines jeden Baumes platzieren wir eine Schwarzwälder Kuckucksuhr, die wir übrigens in Polen herstellen lassen. Überall gibt es kleine Snackbars, in denen man Sushi mit Sauerkraut und Ketchup bekommen kann.

Kaiser von China: Aha, lassen Sie mich mal raten. Kann es sein, dass in diesen Schwarzwälder Kuckucksuhren chinesische Nachtigallen sitzen, die zu jeder vollen Stunde bellen?

Der Vorstandsvorsitzende: Bravo, bravo! Sie haben mitgedacht. Sie fangen an, unser Prinzip zu verstehen ... Wie Sie also sehen können: Unsere Nachtigall macht keine Fehler, das ist völlig ohne Zweifel. Wenn Sie wissen wollen, wer hier gerade falsch gesungen hat: Die natürliche war's und keine andere.

Haushofmeister: Jawohl. Weg mit ihr!

Die Minister: Weg mit ihr!

Kaiser von China: Ja, wenn das so ist, dann verbanne ich die natürliche Nachtigall aus meinem Reiche. Sie komme nie mehr vor mein Angesicht!

14. Ganz allein!

(Nachtigall, Chor)

Die Nachtigall steht vorne auf der Bühne (Mitte), der Chor halbkreisförmig dahinter, evtl. Spot auf Nachtigall.

Chor (Alle):
13
Am
E/G♯
C/G
D/F♯
1. - 3. Ganz al - lein, ganz al - lein,
17
F7+
Em7
Asus4/E
A
F9
ganz al - lein.
3
3
f
22
Em7
Am
Dm6/A

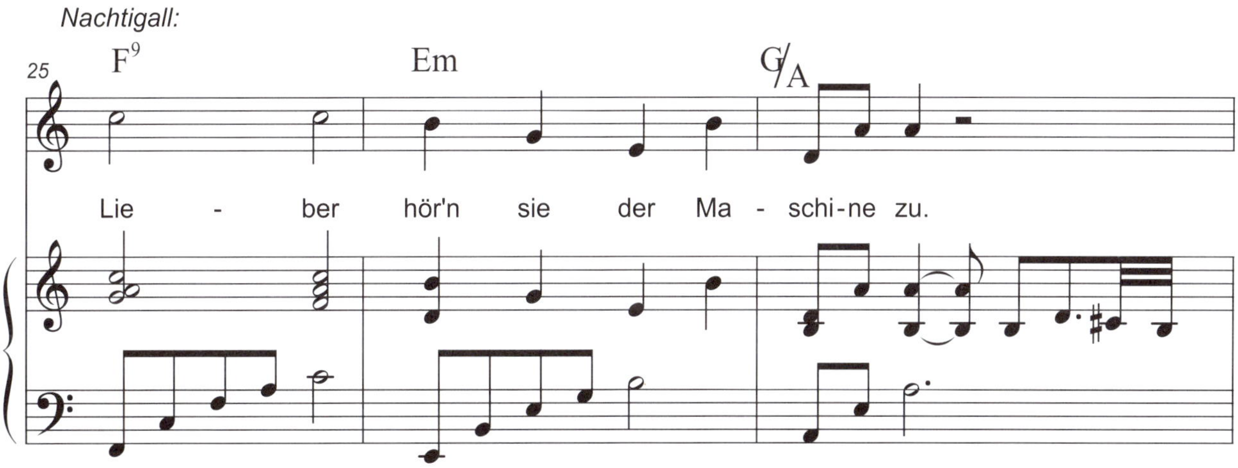

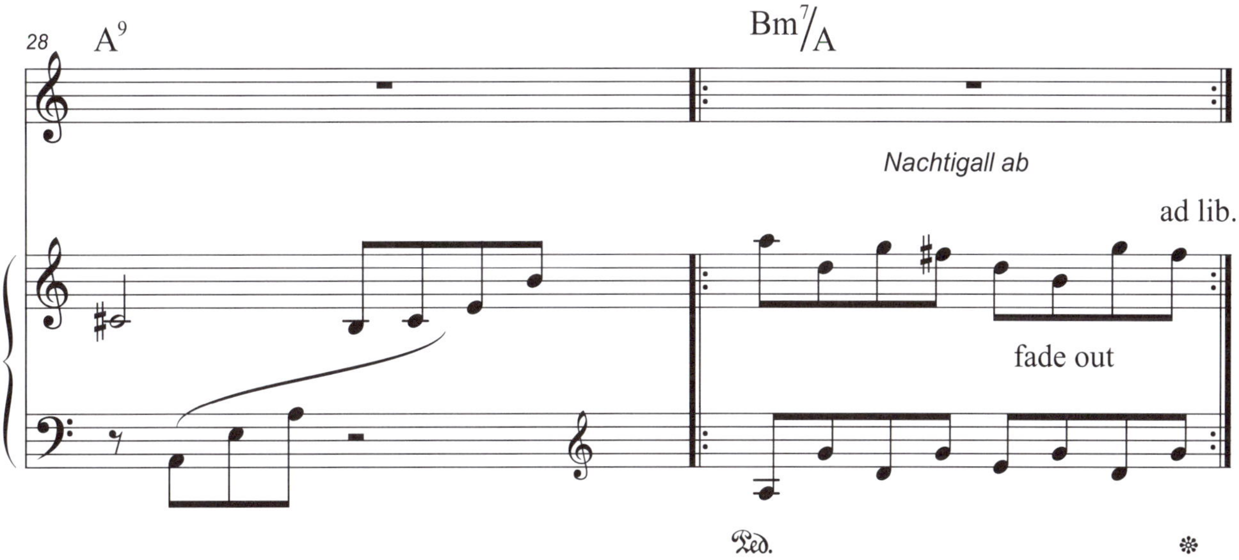

Kaiser von Japan: Na, siehst du. Glaub mir, es ist besser so. Mit diesem Kleinvieh hast du früher oder später nur Ärger. Irgendwann lassen sie dich doch im Stich.

Kaiser von China: Na ja, ich weiß nicht, ob ich sie nicht doch noch einmal vermissen werde.

Kaiser von Japan: Ph! Du bist einfach zu zimperlich. Wenn man sie nicht mehr braucht, weg damit. Du hast ja jetzt die künstliche Nachtigall, du wirst sehen ...

Tumult. Die „Volksfront zur Befreiung singenden Kleingeflügels" (Chinesen) stürmt auf die Bühne. Sie haben Plakate dabei mit der krakeligen Aufschrift „Fleiheit fül die Nachtigall" „Kaisel sein klumme Hund!" u.Ä. Die Gruppe wird von Cheng und Chang angeführt. Während des nächsten Liedes gibt der Kaiser Muli-Nechs ein Zeichen: Der verlässt die Szene, um nach der Nachtigall zu suchen.

15. Wo ist die Nachtigall!?

(Chinesen)

Staatsgrenzen von China

14
Am
F7
Her mit der Nach-ti - gall, gro-ßer Kai-ser! Her mit der Nach-ti - gall, gro-ßer Kai-ser!
16
Am
F7
n.c.
Denn die-se dum-me, dum- me Ma-schi-ne woll'n wir nicht mehr hör'n!
18
Bm
G7
Her mit der Nach-ti - gall, gro-ßer Kai-ser! Her mit der Nach-ti - gall, gro-ßer Kai-ser!
20
Bm
G7
n.c.
Denn die-se dum-me, dum- me Ma-schi-ne woll'n wir nicht mehr hör'n!

Kaiser von China: Nun ja, wenn das so ist, dann widerrufe ich eben meinen Befehl. Man bringe die natürliche Nachtigall wieder her!

Muli-Nechs *außer Atem:* Oh, großer Kaiser, soeben erhielt ich Kunde, dass die Nachtigall den Palast verlassen und die Staatsgrenze überflogen hat.

Vorhang.

16. Zwischenspiel (Nocturne)

(instrumental)

16
19
rit.
pesante
22
f
col8va
26
maestoso
ff
marcato

Zehn Jahre später

Vor geschlossenem Vorhang: Cheng und Chang wie immer auf ihre Arbeitsgeräte abgestützt.

Cheng *seufzt.*

Chang *seufzt.*

Dieses Seufzen geht noch eine kleine Weile. Plötzlich hört man Schritte.

Cheng: Achtung! Er kommt!

Sofort beginnen beide mit reger Gartenarbeit. Von links betritt der Haushofmeister die Szene.

Haushofmeister *sieht die beiden, im Vorübergehen:* Ph! *Rechts ab.*

Man ist noch ein paar Augenblicke tätig. Doch die Bewegungen erlahmen zusehends.

Chang: Ist er weg?

Cheng: Ja, du kannst aufhören. Er ist eben in den Palast hinein. *Beide stützen sich wieder seufzend auf ihre Arbeitsgeräte, kurze Stille.*

Chang *plötzlich laut, weil er sicher ist, dass ihn keiner hört, dem Haushofmeister nachrufend:* Und übrigens: Du mich auch!

Cheng: Was? „Du mich auch!"? Was soll das? „Du mich auch!"?

Chang: „Ph!" ... jetzt arbeite ich seit sechsundvierzig Jahren im Palast! Meinst du, nur ein einziges Mal hätte ich mal etwas anderes gehört als dieses „Ph!"? Vermaledeite Oberhofbonzen! Und der da ist der Schlimmste! „Guten Abend Chang, wie geht es dir?" „Gute Arbeit, Chang!" „Schöne Grüße an Frau Chang." Das kannst du vergessen. Fehlanzeige! Seit sechsundvierzig Jahren nichts als ein „Ph!". Dabei machen wir die ganze Drecksarbeit hier im Palast.

Cheng: Sei still, man könnte dich hören!

Chang: Mir doch egal! Sollen sie doch!

Cheng: Sollte dir aber nicht egal sein. Du weißt doch: der Kaiser. Man hat absolute Ruhe im Palastbezirk angeordnet.

Chang: Ja, ich weiß. Tut mir leid.

Pause mit Seufzern.

Chang: Ob er wieder gesund wird?

Cheng: Das steht in den Sternen. Aber man sollte sich nicht zuviel Hoffnung machen. Diesmal ist es ernst. Sehr ernst. Meine Frau sagt, mein Schwager sagt, dass er diese Nacht womöglich nicht überleben wird.

Pause mit Seufzern.

Cheng: Tja, wenn die künstliche Nachtigall noch einen Ton von sich geben könnte. Aber sie ist ja kaputt gegangen.

Chang: Ja, genau einen Tag nach Ablauf der Garantiezeit. Nix mehr zu machen. Jetzt steht sie nur dumm rum und setzt Staub an.

Cheng: Meine Frau sagt, mein Schwager sagt, man hätte alles versucht. Die besten Techniker und Wissenschaftler des Landes hat man herbeigerufen. Aber was man auch versuchte, irgendwann machte etwas „Schnurr" und „Schwupp" und kaputt war sie. Finito. Zu Schade. Sie hätte unseren kranken Kaiser vielleicht noch aufheitern können. Angeblich soll Musik Kranke wieder gesund machen.

Chang: Und die natürliche Nachtigall?

Cheng: Die ist weg. Unauffindbar. Kannst du vergessen. Niemand weiß, ob sie überhaupt noch lebt. Und wenn, warum sollte sie zurückkommen? Sie war dem Kaiser immer treu. Als Dank bekam sie einen Tritt. Die kommt nicht wieder.

Chang: War auch nur so ein Gedanke.

Cheng: Meine Frau sagt, mein Schwager hätte gesagt, man habe die besten Ärzte des Landes rufen lassen.

Chang: O weh. O weh, o weh!

Cheng: Wieso „O weh. O weh, o weh!"?

Chang: Wenn der Kaiser schon so weit ist, dass er die Ärzte rufen lässt,dann sieht es wirklich schlimm aus.

Cheng: Siehst du dort oben das erleuchtete Fenster? Dort liegt er. Wenn die Kerze erlischt bedeutet das ...

Chang: ... das Ende des Kaisers?

Cheng: Richtig. Komm, wir gehen lieber, hier ist ein zu trauriger Ort.

Beide ab.

Im Schlafgemach des Kaisers

Vorhang auf. Das Schlafgemach des Kaisers. Er im Bett. Ärzte und Haushofmeister treten auf.

17. Auftritt der Ärzte

(instrumental)

Die Ärzte stellen sich an das Krankenlager und nehmen erste Untersuchungen vor: Puls, Reflexe etc.

1. Arzt: Kein Zweifel. Er hat eine Mentionales Celebralis dritten Grades. Hier kann nur Tee mit Honig helfen. Zwei Liter – jede Stunde!

2. Arzt: Falsch, Herr Kollege! Es handelt sich eindeutig um eine hydroprokoleptische Diplexis im Endstadium. Hier hilft nur ein Aderlass. Mindestens drei Liter!

3. Arzt: Unsinn! Die Symptome sind eindeutig. Hier sehen wir eine fiktionale lobotomische Spiralchrysantheme in ihrer schönsten Ausprägung. Hier kann nur ein Einlauf Abhilfe schaffen. Vier Liter reinste Seifenlauge, würde ich sagen.

1. Arzt: Ganz falsch. Alle beide! Ich sage Tee! Zwei Liter – jede Stunde!

2. Arzt: Quacksalber! Wollt ihr ihn umbringen? Ich sage: Aderlass. Drei Liter Blut abzapfen, und die Krankheit wird im Nu herausgespült.

3. Arzt: Selber Quecksilber! Hat man je schon etwas Dümmeres gehört? Die Verdauung ist die Wurzel allen Übels. Vier Liter Seifenlauge als Einlauf, und morgen hüpft der Patient wie ein junges Reh durch den Palastgarten.

1. Arzt: Unsinn. Ihr bringt ihn unter die Erde mit eurer Behandlung. Er wird wie ein junges Reh in den Sarg hüpfen. Wenn er auf euch hört, wird er entweder ausgesaugt, oder er wird platzen. Es ist eine Mentionales Celebralis dritten Grades. Ich habe Recht!

2. Arzt: Nein, ich habe Recht!

3. Arzt: Nein, ich!

Am Krankenbett kommt es zu einem Handgemenge.

1. Arzt: Quacksalber! Alle beide!

2. Arzt: Kurpfuscher!

3. Arzt: Plattnase!

1. Arzt: Gelber Sack!

2. Arzt: Mörder!

3. Arzt: Pferdedoktor!

Kaiser: Ruuuuuhe! *Ärzte frieren in jeweiliger Haltung ein.* Lasst mich allein. Oooh, ich fühle mich so schlecht. Und es geht mir von Minute zu Minute schlechter. Ich glaube, ich überlebe diese Nacht nicht. Es ist bald Mitternacht, und ich bin müde. Ich möchte schlafen. Nur noch schlafen. Lange. Geht nun!

Ärzte ab. Im Hinausgehen:

1. Arzt *geflüstert:* Und ich habe doch Recht!

2. Arzt: Nein, ich!

3. Arzt: Ich!

Haushofmeister will ebenfalls gehen.

Kaiser *zum Haushofmeister:* Nein. Du nicht. Bleib. Mir ist so eng in der Brust. Öffne das Fenster. Ich brauche Luft zum Atmen.

Haushofmeister: Ja, Herr. *Öffnet das Fenster.*

Kaiser: Danke ... mein Freund.

Haushofmeister *kniet sich vor das Bett:* Oh, großer Kaiser.

Kaiser: Was ist? Was hast du?

Haushofmeister: Nichts. Es ist nur ...

Kaiser: Ja?

Haushofmeister: Darf ich offen sprechen?

Kaiser: Wenn nicht jetzt, wann dann? Aber was ist denn mit dir?

Haushofmeister: Verzeiht, o großer Kaiser, aber ich diene Euch jetzt seit vierzig Jahren, und ich bin Euch immer treu gewesen, doch noch nie habt Ihr Euch bei mir bedankt.

Kaiser: Wirklich ... nie?

Haushofmeister: Wirklich nie!

Kaiser: Verzeih mir, aber ich habe nie daran gedacht. Es tut mir leid. Aber glaube mir, ich wusste immer, was ich an dir habe.

Haushofmeister: Wirklich? Habt Dank.

Kaiser: Du hast nicht zu danken. Ich stehe in deiner Schuld. Gern würde ich noch mehr für dich tun, aber ich fühle, dass meine Stunde gekommen ist. So nimm denn meinen Ring als Zeichen meines Dankes! *Zieht seinen Ring ab und gibt ihn dem Haushofmeister.*

Haushofmeister: Oh, großer Kaiser, wie habe ich das verdient?

Kaiser: Haushofmeister, bitte sage mir ehrlich: War ich ein guter Kaiser? Sei ehrlich. Ich muss es wissen. Mir bleibt nicht mehr viel Zeit.

Haushofmeister: Nun, Ihr wart ...

Kaiser: Was? Heraus damit! Und sei ehrlich!

Haushofmeister: Nun, Ihr wart ein ... menschlicher Kaiser.

Kaiser: Menschlich? Was heißt das?

Haushofmeister: Nun, Menschen haben ihre guten Seiten ... und auch ihre schlechten.

Kaiser: Ach, so ist das ... Ja, ich weiß es. Meine guten Taten ließen mich leichter sterben, doch meine bösen Taten drücken mir das Herz ab. Hätte ich nur noch ein Jahr zu leben, ich glaube, ich würde alles Böse wieder gutmachen. Aber leider ... *Stille.* Doch nun geh! Ich will allein sein.

Haushofmeister geht ab.

Kaiser: Er hat Recht. Ich war ein Mensch, wo ich hätte ein Kaiser sein sollen. Ein Kaiser für alle in meinem Lande. Ich aber habe immer nur an mich gedacht. Alles drehte sich nur um den ach so großen Kaiser. Ich war launisch und untreu. Doch niemand kann ermessen, wie leid es mir jetzt tut. Wenn ich nur noch ein Jahr hätte, ich würde alles wieder gutmachen. Aber nun liege ich hier, und jede einzelne meiner schlimmen Taten steigt aus der Tiefe der Erinnerung zu mir hoch und senkt sich wie ein schwerer, schwarzer Stein auf meine Brust. Musik, ich brauche Musik. Ich brauche Ablenkung. Oh, wenn doch nur diese verdammte künstliche Nachtigall noch einmal spielen könnte. Ich glaube, das könnte mich ein wenig trösten. Dann könnte ich all das Böse vielleicht vergessen. Ah, wenn ich es doch nur wieder gutmachen könnte ... Aber wie wird mir. Mir ist, als ob eine Hand aus Eis nach mir greift. Was ist das? Mir ist so kalt.

Wächter-Figur: Kopf einer Schildkröte im Kaiserlichen Palast, Peking

18. Mitternacht

(Tod, Kaiser)

19. Berceuse – Reprise, Variation III

(Tod, Nachtigall)

♩. = 56

Tempo primo molto espressivo

10
Gm
F
Cm/E♭
Pracht. Vor lan - gen Jah - ren sang wohl die_
12
Gm/D
Dsus4
D7
Gm
Nach - ti - gall mit sü - ßem Schall.
Tod (gesprochen):
14
Gm
C/G
Gm
C/G
Wie schön du singst, dein Gesang erfüllt mich mit solcher Sehnsucht.
pp

16
Gm
C/G
ad lib.
D
Ein Verlangen, wie ich es nie kannte. Bitte singe weiter, ich gebe dir, was du willst.
poco cresc.
19
Gm
Nachtigall:
Cm/G
C6/G
So schenke dem Kaiser das Leben!
mf
21
Cm/G
Tod:
Gm
Cm
C6/G
Es sei!

Nachtigall:
23
Cm/G Gm Cm/G C6/G
mf
Gar - ten Got - tes, himm - li - scher
25
Cm/G Gm E♭ F
Frie - den, wo wei - ße Ro - sen und Flie - der
27
Gm9 Gm F Cm/E♭
blühn. Trä - nen der Trau - ern - den reg - nen he -

Gm/D
Dsus4
D
Gm
rab auf das fri - sche grü - ne Gras.
p
Tod ab.
f
rit.
meno

Kaiser *während der Schlusstakte der Musik:* Wie? Was? Bin ich schon tot? Wie ist mir? *Er sieht die Nachtigall.* Du hier? Hast du mich errettet? Dank, Dank! Du himmlischer kleiner Vogel, ich kenne dich wohl! Dich habe ich aus meinem Lande und Reich gejagt, und doch hast du die bösen Geister von meinem Bette weggesungen, den Tod von meinem Herzen weggeschafft! Wie kann ich es dir lohnen?

Nachtigall: Du hast mich belohnt! Ich habe deinen Augen Tränen entlockt, als ich das erste Mal sang, das vergesse ich nie; das sind die Juwelen, die ein Sängerherz erfreuen. Aber schlafe nun und werde stark, ich werde dir vorsingen!

Kaiser: Immer musst du bei mir bleiben! Du sollst nur singen, wenn du selbst es willst, und den Kunstvogel schlage ich in tausend Stücke.

Nachtigall: Tue das nicht, der hat ja das Gute getan, solange er konnte, behalte ihn wie bisher. Ich kann nicht nisten und wohnen im Schlosse, aber lass mich kommen, wenn ich selbst Lust habe, da will ich des Abends dort beim Fenster sitzen und dir vorsingen, damit du froh werden kannst und gedankenvoll zugleich. Ich werde von den Glücklichen singen und von denen, die da leiden; ich werde vom Bösen und Guten singen, was rings um dich her dir verborgen bleibt. Der kleine Singvogel fliegt weit herum zu dem armen Fischer, zu des Landmannes Dach, zu jedem, der weit von dir und deinem Hofe entfernt ist. Ich liebe dein Herz mehr als deine Krone. Ich komme und singe dir vor! ... Oh, ich höre deine Diener kommen. Sie werden sich bestimmt sehr freuen.

Auftritt aller Akteure.

Symbol für „langes Leben"

20. Der Kaiser lebt

(Haushofmeister, Alle)

Alle:
17
C7+ Dm7 Em7 Dm7 C7+ Dm7 Em7 Dm7
hat des Kai - sers Le - ben ge - ret - tet, ge - ret - tet.
H.:
Alle:
21
C7+ Dm7 Em7 Dm7 C7+ Dm7 Em7 A7
Drum seid al - le froh, drum seid al - le froh!
Chinesen:
25
D7+ Em7 F♯m7 Em7 D7+ Em7 F♯m7 Em7
Die

Japaner: Chinesen:
29 D7+ Em7 F♯m7 Em7 D7+ Em7 F♯m7 Em7
Lie - der uns - rer Nach - ti - gall sind wun - der - bar, wun - der - bar. Sie
Japaner: Chinesen:
33 D7+ Em7 F♯m7 Em7 D7+ Em7 F♯m7 Em7
hat da - mit den Tod und auch das Leid be - siegt, Leid be - siegt. Sie
Japaner:
37 D7+ Em7 F♯m7 Em7 D7+ Em7 F♯m7 Em7
hat jetzt ei - nen Platz in un - serm Her - zen, Her - zen.

Chinesen:
Japaner:
D7+ Em7 F♯m7 Em7 D7+ Em7 F♯m7 Em7
Drum seid al - le froh, drum seid al - le froh!
D7+ Em7 F♯m7 Em7 D7+ Em7 F♯m7 Em7
tr
♩ = 116
Moderato
n.c.
B♭
Alle:
f
Die
f
Ped.

53
D♭
E♭9
Lie - der der Nach - ti - gall, du hörst ih - ren Wi - der -
56
B♭
D♭7+
hall. Es wei - chen die Sor - gen der Nacht, dass
59
E♭9
B♭
dir dein Herz er - wacht. Die
61
D
F
G9
Lie - der der Nach - ti - gall, du hörst ih - ren Wi - der -

Haushofmeister: So seht doch! Die Sonne geht auf, und ein neuer Tag erwacht. Läutet die Freudenglocken!

21. Finale
(Alle)

7
ding, dong, ding, dong, ding, dong,
ding, dong, ding, dong, ding, dong,
8va
loco
10
ding, dong, ding, dong.
ding, dong, ding, dong.
♩. = 56
meno
Alle:
12
B/F♯ D/F♯ E/F♯ B/F♯
p
Hört auf die Nach - ti - gall!
p

16
B/F♯ B/E♯ D/E♯ D/E E/D B/C
Hört auf die Nach - ti - gall!
accel. e cresc.
accel. e cresc.
20
B D E B/F♯
Hört auf die Nach - ti - gall!
♩. = 132
Presto
24
B D6
Hört auf die

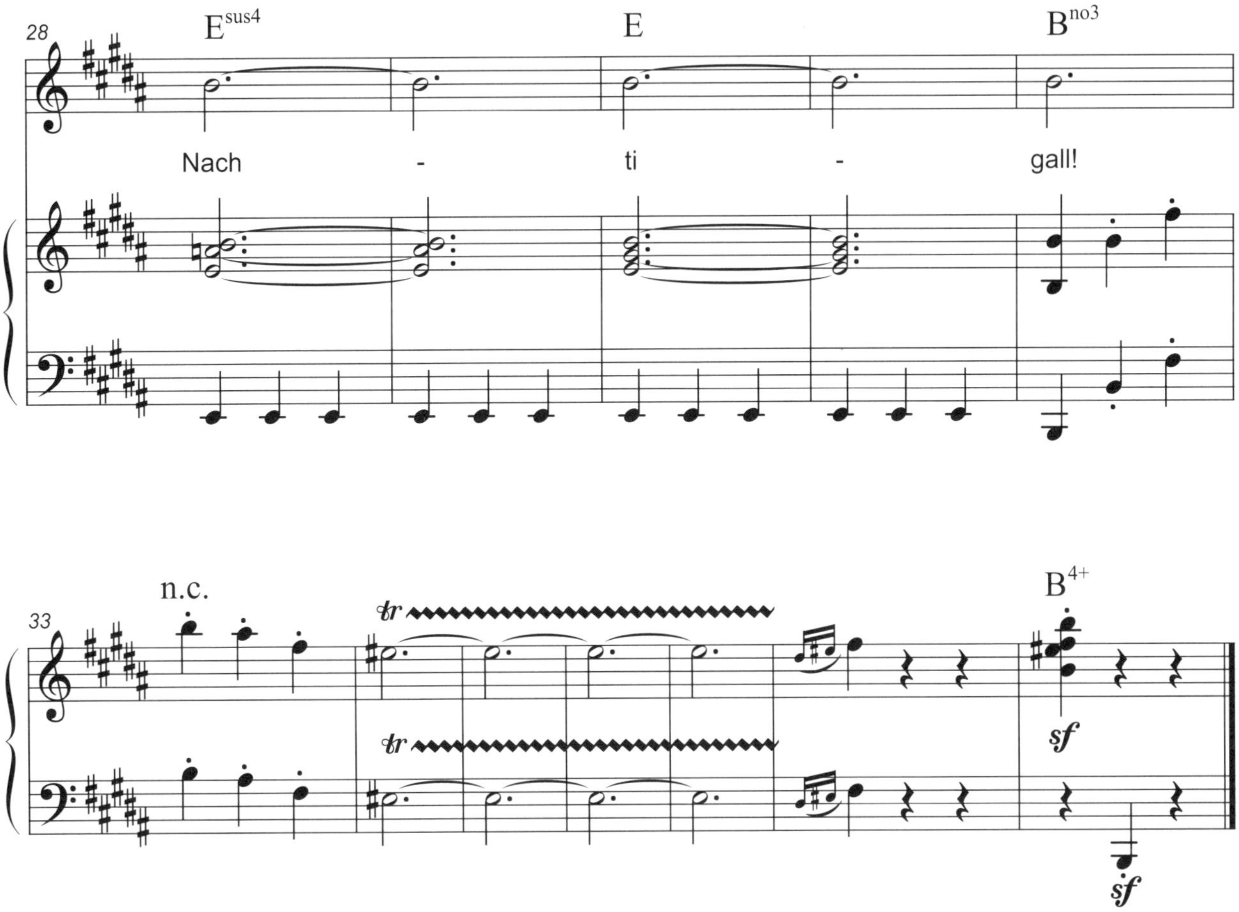
28
Esus4
E
Bno3
Nach - ti - gall!
33
n.c.
tr
tr
B4+
sf
sf

Die Nachtigall

In China ist der Kaiser ein Chinese, und alle, die er um sich hat, sind Chinesen. Des Kaisers Schloss war das prächtigste der Welt, ganz und gar von feinem Porzellan, so kostbar, aber so spröde, so misslich daran zu rühren, dass man sich ordentlich in Acht nehmen musste. Im Garten sah man die wunderbarsten Blumen, und an die allerprächtigsten waren Silberglocken gebunden, die erklangen, damit man nicht vorbeigehen möchte, ohne die Blumen zu bemerken. Ja, alles war in des Kaisers Garten fein ausgedacht, und er erstreckte sich so weit, dass der Gärtner selbst das Ende nicht kannte; ging man immer weiter, so kam man in den herrlichsten Wald mit hohen Bäumen und tiefen Seen. Der Wald ging gerade hinunter bis zum Meere, das blau und tief war. Große Schiffe konnten unter den Zweigen hinsegeln, in denen eine Nachtigall wohnte, die so herrlich sang, dass selbst der arme Fischer, der soviel anderes zu tun hatte, stillhielt und horchte, wenn er nachts ausgefahren war, um das Fischnetz aufzuziehen. „Ach, wie ist das schön!", sagte er, aber dann musste er auf sein Netz Acht geben und vergaß den Vogel. Doch wenn dieser in der nächsten Nacht wieder sang, und der Fischer dorthin kam, sagte er wieder: „Ach, wie ist das doch schön!"

Aus allen Ländern kamen Reisende in die Stadt des Kaisers und bewunderten sie, das Schloss und den Garten; doch wenn sie die Nachtigall zu hören bekamen, sagten sie alle: „Das ist doch das Beste!" Die Reisenden erzählten davon, wenn sie nach Hause kamen, und die Gelehrten schrieben viele Bücher über die Stadt, das Schloss und den Garten, aber die Nachtigall vergaßen sie nicht, sie wurde am höchsten gestellt, und die, welche dichten konnten, schrieben die herrlichsten Gedichte über die Nachtigall im Walde bei dem tiefen See. Die Bücher durchliefen die Welt, und einige kamen dann auch einmal zum Kaiser. Er saß in seinem goldenen Stuhl, las und las, jeden Augenblick nickte er mit dem Kopfe, denn er freute sich über die prächtigen Beschreibungen der Stadt, des Schlosses und des Gartens. „Aber die Nachtigall ist doch das Allerbeste!", stand da geschrieben. „Was ist das?", fragte der Kaiser. „Die Nachtigall kenne ich ja gar nicht! Ist ein solcher Vogel hier in meinem Kaiserreiche und sogar in meinem Garten? Das habe ich nie gehört; so etwas soll man erst aus Büchern erfahren?" Da rief er seinen Haushofmeister. Der war so vornehm, dass, wenn jemand, der geringer war als er, mit ihm zu sprechen oder ihn um etwas zu fragen wagte, er weiter nichts erwiderte als: „Ph!" Und das hat nichts zu bedeuten. „Hier soll ja ein höchst merkwürdiger Vogel sein, der Nachtigall genannt wird!", sagte der Kaiser. „Man spricht, dies sei das Allerbeste in meinem großen Reiche; weshalb hat man mir nie etwas davon gesagt?" „Ich habe ihn früher nie nennen hören", sagte der Haushofmeister. „Er ist nie bei Hofe vorgestellt worden!" „Ich will, dass er heute Abend herkomme und vor mir singe!", sagte der Kaiser. „Die ganze Welt weiß, was ich habe, und ich weiß es nicht!" „Ich habe ihn früher nie nennen hören!", sagte der Haushofmeister. „Ich werde ihn suchen, ich werde ihn finden!"

Aber wo war er zu finden? Der Haushofmeister lief alle Treppen auf und nieder, durch Säle und Gänge, keiner von allen denen, auf die er traf, hatte von der Nachtigall sprechen hören. Und der Haushofmeister lief wieder zum Kaiser und sagte, dass es sicher eine Fabel von denen sei, die da Bücher schreiben. „Aber das Buch, in dem ich dieses gelesen habe", sagte der Kaiser, „ist mir von dem großmächtigen Kaiser von Japan gesandt, also kann es keine Unwahrheit sein. Ich will die Nachtigall hören; sie muss heute

Abend hier sein! Sie hat meine höchste Gnade! Und kommt sie nicht, so soll dem ganzen Hof auf den Leib getrampelt werden, wenn er Abendbrot gegessen hat!" Der Haushofmeister lief wieder alle Treppen auf und nieder, durch alle Säle und Gänge; und der halbe Hof lief mit, denn sie wollten nicht gern auf den Leib getrampelt werden.
Da gab es ein Fragen nach der merkwürdigen Nachtigall, die von aller Welt gekannt war, nur von niemand bei Hofe.

Endlich trafen sie ein kleines, armes Mädchen in der Küche. Sie sagte: „Oh, die Nachtigall, die kenne ich gut, ja, wie kann die singen! Jeden Abend habe ich die Erlaubnis, meiner armen, kranken Mutter einige Überbleibsel vom Tische mit nach Hause zu bringen. Sie wohnt unten am Strande, wenn ich dann zurückgehe, müde bin und im Walde ausruhe, höre ich die Nachtigall singen. Es kommt mir dabei das Wasser in die Augen, und es ist gerade, als ob meine Mutter mich küsste!" „Kleine Köchin", sagte der Haushofmeister, „ich werde dir eine feste Anstellung in der Küche und die Erlaubnis, den Kaiser speisen zu sehen, verschaffen, wenn du uns zur Nachtigall führen kannst."
So zogen sie allesamt hinaus in den Wald, wo die Nachtigall zu singen pflegte; der halbe Hof kam mit. Als sie im besten Zuge waren, fing eine Kuh zu brüllen an. „Oh!", sagten die Hofjunker, „nun haben wir sie; das ist doch eine merkwürdige Kraft in einem so kleinen Tiere! Die habe ich sicher schon früher gehört!" „Nein, das sind Kühe, die brüllen!", sagte die kleine Köchin. „Wir sind noch weit von dem Orte entfernt!" Nun quakten die Frösche im Sumpfe. „Herrlich!", sagte der chinesische Schlosspropst. „Nun höre ich sie, es klingt gerade wie kleine Tempelglocken." „Nein, das sind Frösche!", sagte die kleine Köchin. „Aber nun, denke ich, werden wir sie bald hören!" Da begann die Nachtigall zu singen. „Das ist sie", sagte das kleine Mädchen. „Hört, hört! Und da sitzt sie!" Sie zeigte nach einem kleinen, grauen Vogel oben in den Zweigen. „Ist es möglich?", sagte der Haushofmeister. „So hätte ich sie mir nimmer gedacht; wie einfach sie aussieht! Sie hat sicher ihre Farbe darüber verloren, dass sie so viele vornehme Menschen um sich erblickt!" „Kleine Nachtigall", rief die kleine Köchin ganz laut, „unser gnädigster Kaiser will, dass Sie vor ihm singen möchten!" „Mit dem größten Vergnügen", sagte die Nachtigall und sang dann, dass es eine Lust war. „Es ist gerade wie Glasglocken!", sagte der Haushofmeister. „Und seht die kleine Kehle, wie sie arbeitet! Es ist merkwürdig, dass wir sie früher nie gesehen haben; sie wird großes Aufsehen bei Hofe machen!" „Soll ich noch einmal vor dem Kaiser singen?", fragte die Nachtigall, die glaubte, der Kaiser sei auch da. „Meine vortreffliche, kleine Nachtigall", sagte der Haushofmeister, „ich habe die große Freude, Sie zu einem Hoffeste heute Abend einzuladen, wo Sie dero hohe Kaiserliche Gnaden mit Ihrem prächtigen Gesange bezaubern werden!" „Der nimmt sich am besten im Grünen aus!", sagte die Nachtigall, aber sie kam doch gern mit, als sie hörte, dass der Kaiser es wünschte.

Auf dem Schlosse war alles aufgeputzt. Wände und Fußboden, die von Porzellan waren, glänzten im Strahle vieler tausend goldener Lampen, und die prächtigsten Blumen, die recht klingeln konnten, waren in den Gängen aufgestellt. Da war ein Laufen und ein Zugwind, aber alle Glocken klingelten so, dass man sein eigenes Wort nicht hören konnte. Mitten in dem großen Saal, wo der Kaiser saß, war ein goldener Stab aufgestellt, auf dem sollte die Nachtigall sitzen. Der ganze Hof war da, und die kleine Köchin hatte die Erlaubnis erhalten, hinter der Tür zu stehen, da sie nun den Titel einer wirklichen Hofköchin bekommen hatte. Alle waren in ihrem größten Staate, und alle sahen nach dem kleinen, grauen Vogel, dem der Kaiser zunickte. Die Nachtigall sang so herrlich, dass dem Kaiser die Tränen in die Augen traten, die Tränen liefen ihm über die Wangen hernieder, und da sang die Nachtigall noch schöner; das ging recht zu Herzen. Der Kaiser

帝鳥音

war sehr erfreut und sagte, dass die Nachtigall einen goldenen Pantoffel um den Hals tragen solle. Aber die Nachtigall dankte, sie habe schon Belohnung genug erhalten. „Ich habe Tränen in des Kaisers Augen gesehen, das ist mir der reichste Schatz! Ich bin genug belohnt!“ Und darauf sang sie wieder mit ihrer süßen, herrlichen Stimme. „Das ist die liebenswürdigste Stimme, die wir kennen!“, sagten die Damen ringsherum. Ja, die Diener und Kammermädchen ließen melden, dass auch sie zufrieden seien, und das will viel sagen, denn sie sind am schwierigsten zu befriedigen. Ja, die Nachtigall machte sie wahrlich glücklich. Sie sollte nun bei Hofe bleiben, ihren eigenen Käfig haben, samt der Freiheit, zweimal des Tages und einmal des Nachts herauszuspazieren. Sie bekam zwölf Diener mit, die ihr ein Seidenband um das Bein geschlungen hatten, woran sie sie festhielten. Es war durchaus kein Vergnügen bei solchem Ausflug. Die ganze Stadt sprach von dem merkwürdigen Vogel, und begegneten sich zwei, dann seufzten sie und verstanden einander.

Eines Tages erhielt der Kaiser eine Kiste, auf der geschrieben stand: „Die Nachtigall“. „Da haben wir nun ein neues Buch über unseren berühmten Vogel!“, sagte der Kaiser; aber es war kein Buch, es war ein Kunststück, das in einer Schachtel lag, eine künstliche Nachtigall, die der lebenden gleichen sollte, aber überall mit Diamanten, Rubinen und Saphiren besetzt war. Sobald man den künstlichen Vogel aufzog, konnte er eins der Stücke, die der wirkliche sang, singen, und dann bewegte sich der Schweif auf und nieder und glänzte von Silber und Gold. Um den Hals hing ein kleines Band, und darauf stand geschrieben: „Des Kaisers von China Nachtigall ist arm gegen die des Kaisers von Japan.“ „Das ist herrlich!“, sagten alle, und der Mann, der den künstlichen Vogel gebracht hatte, erhielt sogleich den Titel: Kaiserlicher Oberhofnachtigallbringer. „Nun müssen sie zusammen singen! Was wird das für ein Genuss werden!“

Sie mussten zusammen singen, aber es wollte nicht recht gehen, denn die wirkliche Nachtigall sang auf ihre Weise, und der Kunstvogel ging auf Walzen. „Der hat keine Schuld“, sagte der Spielmeister, „der ist besonders taktfest und ganz nach meiner Schule!“
Nun sollte der Kunstvogel allein singen. Er machte ebenso glücklich wie der wirkliche, und dann war er viel niedlicher anzusehen. Dreiunddreißig Mal sang er ein und dasselbe Stück und war doch nicht müde. Die Leute hätten ihn gern wieder von vorn gehört, aber der Kaiser meinte, dass nun auch die lebendige Nachtigall etwas singen solle. Aber wo war die? Niemand hatte bemerkt, dass sie aus dem offenen Fenster fort zu ihren grünen Wäldern geflogen war. „Aber was ist denn das?“, fragte der Kaiser, und alle Hofleute schalten und meinten, dass die Nachtigall ein höchst undankbares Tier sei. „Den besten Vogel haben wir doch!“, sagten sie, und so musste der Kunstvogel wieder singen, und das war das vierunddreißigste Mal, dass sie dasselbe Stück zu hören bekamen, aber sie konnten es noch nicht ganz auswendig, denn es war sehr schwer. Der Spielmeister lobte den Vogel außerordentlich, ja, er versicherte, dass er besser als die wirkliche Nachtigall sei, nicht nur was die Kleider und die vielen herrlichen Diamanten betreffe, sondern auch innerlich. „Denn sehen Sie, meine Herrschaften, der Kaiser vor allen! Bei der wirklichen Nachtigall kann man nie berechnen, was da kommen wird, aber bei dem Kunstvogel ist alles bestimmt. Man kann es erklären, man kann ihn aufmachen und das menschliche Denken zeigen, wie die Walzen liegen, wie sie gehen und wie das eine aus dem andern folgt!“ „Das sind ganz unsere Gedanken!“, sagten sie alle, und der Spielmeister erhielt die Erlaubnis, am nächsten Sonntag den Vogel dem Volke vorzuzeigen. Und als dies den Vogel singen hörte, wurde es so vergnügt, als ob es sich im Tee berauscht hätte, denn das ist ganz chinesisch; und da sagten alle: „Oh!“ und hielten den Zeigefinger in die Höhe und nickten

dazu. Aber die armen Fischer, welche die wirkliche Nachtigall gehört hatten, sagten: „Es klingt hübsch, die Melodien gleichen sich auch, aber es fehlt etwas, wir wissen nicht was!" Die wirkliche Nachtigall ward aus dem Lande und Reiche verwiesen. Der Kunstvogel hatte seinen Platz auf einem seidenen Kissen dicht bei des Kaisers Bett. Alle Geschenke, die er erhalten, Gold und Edelsteine, lagen rings um ihn her, und im Titel war er zu einem „Hochkaiserlichen Nachttischsänger" gestiegen. Und der Spielmeister schrieb ein Werk von fünfundzwanzig Bänden über den Kunstvogel, das war so gelehrt und lang, voll von den allerschwersten chinesischen Wörtern, dass alle Leute sagten, sie haben es gelesen und verstanden, denn sonst wären sie ja dumm gewesen und auf den Leib getrampelt worden.

So ging es ein ganzes Jahr. Der Kaiser, der Hof und alle übrigen Chinesen konnten jeden Ton in des Kunstvogels Gesang auswendig, aber gerade deshalb gefiel er ihnen jetzt am allerbesten. Sie konnten selbst mitsingen, und das taten sie. Aber eines Abends, als der Kunstvogel am besten sang und der Kaiser im Bette lag und darauf hörte, machte es „Schwupp" inwendig im Vogel, dann sprang etwas. „Schnurrrr!" Alle Räder liefen herum, und dann stand die Musik still. Der Kaiser sprang gleich aus dem Bette und ließ seinen Leibarzt rufen. Aber was konnte der helfen? Dann ließen sie den Uhrmacher holen, und nach vielem Sprechen und Nachsehen brachte er den Vogel etwas in Ordnung, aber er sagte, dass er sehr geschont werden müsse, denn die Zapfen seien abgenutzt, und es sei unmöglich, neue so einzusetzen, dass die Musik sicher gehe. Das war nun eine große Trauer! Nur einmal des Jahres durfte man den Kunstvogel singen lassen, und das war fast schon zuviel.

Nun waren fünf Jahre vergangen, und das ganze Land bekam eine wirkliche, große Trauer. Die Chinesen hielten im Grunde allesamt große Stücke auf ihren Kaiser, und jetzt war er krank und konnte nicht länger leben. Schon war ein neuer Kaiser gewählt, und das Volk stand draußen auf der Straße und fragte den Haushofmeister, wie es seinem alten Kaiser gehe. „Ph!", sagte er und schüttelte mit dem Kopfe. Kalt und bleich lag der Kaiser in seinem großen, prächtigen Bett. Der ganze Hof glaubte ihn tot, und ein jeder lief, den neuen Kaiser zu begrüßen, die Kammerdiener liefen hinaus, um darüber zu sprechen, und die Kammermädchen hatten große Kaffeegesellschaft. Ringsumher in allen Sälen und Gängen war Tuch gelegt, damit man niemand gehen höre, und deshalb war es sehr still. Aber der Kaiser war noch nicht tot. Steif und bleich lag er in dem prächtigen Bette mit den langen Samtvorhängen und den schweren Goldquasten, hoch oben stand ein Fenster auf, und der Mond schien herein auf den Kaiser und den Kunstvogel. Der arme Kaiser konnte kaum atmen, es war gerade, als ob etwas auf seiner Brust säße. Er schlug die Augen auf, und da sah er, dass es der Tod war. Er hatte sich eine goldene Krone aufgesetzt und hielt in der einen Hand des Kaisers goldenen Säbel, in der andern seine prächtige Fahne. Ringsumher aus den Falten der großen Samtbettvorhänge sahen allerlei wunderliche Köpfe hervor, einige ganz hässlich, andere lieblich und mild. Das waren des Kaisers gute und böse Taten, die ihn anblickten, jetzt, da der Tod ihm auf dem Herzen saß. „Entsinnst du dich dessen?" Und dann erzählten sie ihm so viel, dass ihm der Schweiß von der Stirne rann. „Das habe ich nie gewusst!", sagte der Kaiser. „Musik, Musik, die große chinesische Trommel", rief er, „damit ich nicht alles zu hören brauche, was sie sagen!" Aber sie fuhren fort, und der Tod nickte wie ein Chinese zu allem, was gesagt wurde. „Musik, Musik!", schrie der Kaiser. „Du kleiner herrlicher Goldvogel, singe doch, singe! Ich habe dir Gold und Kostbarkeiten gegeben, ich habe dir selbst meinen goldenen Pantoffel um den Hals gehängt, singe doch, singe!" Aber der Vogel stand still, es war niemand da, um ihn aufzuziehen, sonst sang er nicht, und der Tod fuhr fort, den Kaiser mit seinen großen, leeren Augenhöhlen anzustarren, und es war still, erschrecklich still.

Da klang auf einmal vom Fenster her der herrlichste Gesang. Es war die kleine, lebendige Nachtigall, die auf einem Zweige draußen saß. Sie hatte von der Not ihres Kaisers gehört und war deshalb gekommen, ihm Trost und Hoffnung zu singen; und so wie sie sang, wurden die Gespenster bleicher und bleicher, das Blut kam immer rascher und rascher in des Kaisers schwachen Gliedern in Bewegung, und selbst der Tod horchte und sagte: „Fahre fort, kleine Nachtigall! Fahre fort!" „Ja, willst du mir den prächtigen, goldenen Säbel geben? Willst du mir die reiche Fahne geben? Willst du mir des Kaisers Krone geben?" Der Tod gab jedes Kleinod für einen Gesang, und die Nachtigall fuhr fort zu singen. Sie sang von dem stillen Gottesacker, wo die weißen Rosen wachsen, wo der Flieder duftet und wo das frische Gras von den Tränen der Überlebenden befeuchtet wird. Da bekam der Tod Sehnsucht nach seinem Garten und schwebte wie ein kalter, weißer Nebel aus dem Fenster. „Dank, Dank!", sagte der Kaiser. „Du himmlischer, kleiner Vogel, ich kenne dich wohl! Dich habe ich aus meinem Lande und Reich gejagt, und doch hast du die bösen Geister von meinem Bette weggesungen, den Tod von meinem Herzen weggeschafft! Wie kann ich dir lohnen?" „Du hast mich belohnt!", sagte die Nachtigall. „Ich habe deinen Augen Tränen entlockt, als ich das erste Mal sang, das vergesse ich nie; das sind die Juwelen, die ein Sängerherz erfreuen. Aber schlafe nun und werde stark, ich werde dir vorsingen!" Sie sang, und der Kaiser fiel in süßen Schlummer; mild und wohltuend war der Schlaf!

Die Sonne schien durch das Fenster herein, als er gestärkt und gesund erwachte.
Keiner von seinen Dienern war noch zurückgekehrt, denn sie glaubten, er sei tot. Aber die Nachtigall saß noch und sang.
„Immer musst du bei mir bleiben!", sagte der Kaiser. „Du sollst nur singen, wenn du selbst willst, und den Kunstvogel schlage ich in tausend Stücke." „Tue das nicht", sagte die Nachtigall, „der hat ja das Gute getan, solange er konnte, behalte ihn wie bisher. Ich kann nicht nisten und wohnen im Schlosse, aber lass mich kommen, wenn ich selbst Lust habe, da will ich des Abends dort beim Fenster sitzen und dir vorsingen, damit du froh werden kannst und gedankenvoll zugleich. Ich werde von den Glücklichen singen und von denen, die da leiden; ich werde vom Bösen und Guten singen, was rings um dich her dir verborgen bleibt. Der kleine Singvogel fliegt weit herum zu dem armen Fischer, zu des Landmanns Dach, zu jedem, der weit von dir und deinem Hofe entfernt ist. Ich liebe dein Herz mehr als deine Krone, und doch hat die Krone einen Duft von etwas Heiligem um sich. Ich komme und singe dir vor! Aber eins musst du mir versprechen!" „Alles!", sagte der Kaiser und stand da in seiner kaiserlichen Tracht, die er angelegt hatte, und drückte den Säbel, der schwer von Gold war, an sein Herz. „Um eins bitte ich dich; erzähle niemand, dass du einen kleinen Vogel hast, der dir alles sagt, dann wird es noch besser gehen!"
So flog die Nachtigall fort. Die Diener kamen herein, um nach ihrem toten Kaiser zu sehen; ja, da standen sie, und der Kaiser sagte: „Guten Morgen!"

Hans Christian Andersen